三星雅人

親の家のたたみ方

講談社＋α新書

はじめに

空き家は増え続ける。

地方だけの話ではない。都会でも、その波が確実に押し寄せている。日本の人口は減少しているのに、新しい住宅が供給され続けている。地方から大都市へ人口の流入が続き、都市部でも、子供が大きくなれば独立して家を出る〝核家族化〟が当たり前だ。長男が家を継《つ》ぐという家督制度が廃《すた》れた現代では、地方であれ、都市部であれ、実家はあくまでも「親の家」だ。親が老いて施設に入ることにでもなれば、その時点で実家は空き家になる。

すでに空き家の増加は、大きな社会問題になっている。

「空き家は倒壊の恐れがあって危険だ」

「野生動物の棲《す》み処《か》になっている」

「不良少年がたむろしている」

「ホームレスが住みはじめたようだ」

「空き家が放火され、付近に延焼した」

連日のように空き家に関する問題や事件を、新聞やテレビ、雑誌が伝えている。多くの人にとって身近な問題になっている。すでにご両親が家を残して亡くなっているとか、周辺にそうした家庭がある人ならば、こうした問題が顕在化し、周辺の方々に迷惑をかけてトラブルになった実例に触れるのも珍しいことではないはずだ。

ところが実際には、問題に直面するまでどこか他人事。すでに火の粉が降りかかりはじめていても、なかなか現実を直視できていないという人も多いのではないだろうか。


そもそも、日本の人口が減少に転じたといわれはじめたのは、「平成17（2005）年国勢調査」（総務省統計局）の速報からだった。同年12月に、10月1日現在の日本の人口が1年前の推定人口に比べて約2万人減少し、人口減少局面に入りつつあると見られると発表されるや、メディアが大騒ぎをはじめたことは記憶に新しい。

結果的には、翌2006年には20000人増加し、2007年にも1000人とわずかに増加した。このため、人口が減少に転じたのかどうかをめぐって論争も起きたが、それをあざ笑うかのように、２００８年には一気に７万９０００人減少。その後、現在に至るまで人口減少状態が継続している。２００５年が、人口減少時代への転換点になったことはたしかだろう。

国土交通省が発表した人口の長期的推移によれば、２０２５年には人口が約１億２１００万人になって約４人に１人が高齢者、２０５０年には約９７００万人になって高齢者は実に３人に１人の割合になるという。

２１００年、日本の人口は、８１７６万人から４６４５万人の間になるとも予想されている。低位推計が現実のものとなった場合、第二次世界大戦が終わった１９４５年の約７２１５万人をはるかに下回り、１９００年頃の人口と同水準になる。

さらに、２０１４年になって「日本創成会議・人口減少問題検討分科会」（座長・増田《ますだ》寛也《ひろや》元総務相）が「ストップ少子化・地方元気戦略」という驚愕《きょうがく》の試算結果を発表した(http://www.policycouncil.jp/)。

少子高齢化、人口減少などが進んだ場合、地域崩壊や自治体運営が行き詰まる懸念があるとして、東京一極集中の是正《ぜせい》や魅力ある地方の拠点都市づくりなどを提言する一方、国立社会保障・人口問題研究所が前年にまとめた将来推計人口のデータをもとに、最近の都市間の人口移動の状況を加味して２０４０年の20～30代の女性の数を試算。２０１０年と比較して若年女性が半分以下に減る自治体を「消滅可能性都市」と名づけたのだが、消滅可能性都市は全国の実に49・８％にあたる８９６市区町村に上るとした。しかも、うち５２３市区町村は、２０４０年には人口が1万人を切るとした。

消滅可能性都市は、北海道や東北地方の山間部などに集中しているが、大阪市の西成区（減少率55・３％）や大正区（同54・３％）、さらに東京都豊島区（同50・８％）のように大都市域にも分布している。

都道府県別で見ると、消滅可能性都市の割合が最も高かったのは96・０％の秋田県で、青森県87・５％、島根県84・２％、岩手県81・８％などが続く。傾向として東北地方に目立っているといえるが、和歌山県76・７％、徳島県70・８％、鹿児島県69・８％など、近畿以西にも割合の高い県がある。

この発表は、さまざまな媒体で大きく取り上げられたのでご存じの方が多いだろう。指摘は、全国各地を取材で飛び回る私の実感とも一致する。

地方の集落を訪れると、とにかく高齢者ばかりが目立つ。県庁所在地のような、その地域の中心的都市でさえ、その傾向は見られる。街を歩けば、まるで東京にいるかと錯覚《さっかく》するような洗練されたファッションに身を包む若者と出くわすが、その多くはせいぜい高校生までの年代で、20代以上の若い男女になると一気に数が減ってしまう。高校卒業後、東京・名古屋・大阪の三大都市圏周辺の大学に進学し、卒業後はそのまま都市部で就職して暮らすという構図が見て取れるのだ。

高齢化の波が襲うのは、地方ばかりではない。

満員電車に揺《ゆ》られて都心に通勤している勤め人は気づきにくいかもしれないが、大都市郊外でも少子高齢化が着実に進んでいる。

東京都内でも、昼間《ちゅうかん》人口における老人の多さといったらない。巣鴨《すがも》は「お年寄りの原宿」として全国的にも有名だが、本家の若者の原宿でさえ、昼間に老人の姿をよく目にするようになった。カウンターカルチャーの街として、また明治、帝京平成、早稲田大学と次々に大学を誘致するなど若者の街として知られる中野、「住みたい街人気ナンバーワン」の吉祥寺ですら、平日の昼間は〝巣鴨化〟していることに驚かされる。

そして、相も変わらず新しい住宅の供給が続いている。

市場経済研究所と不動産経済研究所が毎年発表している「全国住宅・マンション供給調査－2015年版」によれば、2014年度の一戸建ての供給計画戸数は、前年度の供給実績から2万9347戸増加の32万3193戸（有効回答210社）。マンションは、2014年度供給見込みで前年度実績から7913戸減少とはいえ、6万9190戸（有効回答103社）であるという。人口の減少が明らかであるにもかかわらず、なお新しい住宅が供給されているのだから、空き家は増え続ける。これは、人口動態と産業構造が織りなす必然的事象なのだ。

総務省が「平成25年住宅・土地統計調査」を発表しているが、予想通り、空き家は5年前に比べて確実に増えていた。2013年10月1日現在、日本の総住宅数は6063万戸、総世帯数は5245万世帯。空き家は総住宅数の13・5％にあたる820万戸となっている。

都会であれ、田舎であれ、持ち家があっても、やがて子供たちはその家を出て新しい家庭を築く。本書を手に取ったあなたもまた、親を置いて出てきた子供、なのかもしれない。

あなたがかつて暮らした実家を、守る人はいるだろうか。

いまは親が住んでいる。いつまでも元気でいてくれればいいが、いつか暮らす人がいなくなり、空き家になってしまうときがやってくる。そのとき、あなたはいったいどうするだろう。実家に帰ろうか。それとも、空き家のままにしておこうか。更地《さらち》にして売ろうか。それとも誰か人に貸そうか。そんなとき、残された家財はどうしたらいいだろう。その前に、そもそも相続をどうしたらいいだろう。実家のみならず、農地や山林は……？

いずれにしても、実家は何とかしなければならない。何から手をつけたらいいか。利用できる行政サービスや社会的リソースにはどんなものがあるのだろう。

「実家」について長年取材を続けてきた私、三星雅人《みつぼしまさと》が、そんなあなたのお悩みや疑問を解決するヒントを、これから紹介していきたい。

◉目次

第3章　都市部の実家をどうする？

第4章　田舎の実家をどうする？

第1章　〝いま〟から考えたい、実家のこと

親には聞けない「死後」のこと

親の資産を守ることは、いずれ相続することになる自分たちの資産を守ることでもある。しかし、親が元気なうちに「この家をどうするの？」とは、なかなか聞けないものだ。資産の有無をどうこうする前に、「親にはいつまでも元気で暮らしていてもらいたい」と思うのは当然で、死を連想させるようなことは言いにくい。親と離れて暮らし、ふだん連絡もあまり取らない状態で、親を前にそんなことを口に出そうものなら、「おまえたちは、そんなに財産がほしいのか」などと切り返されるのが関の山である。

地方の実家を出て、都会の大学に通わせてもらい、都会の会社に勤め、結婚して都会に家庭を築く。また、実家が都市部にある人も、地方出身者に比べて距離はそう離れていなくても、独立した新しい自分の家族の生活がある。気がつけば親が高齢になり、いまは元気でも、この先はどうするのか。介護が必要になってから介護老人福祉施設（特別養護老人ホーム）に入るにしても、施設に空きがなくなかなか入居できない。

やがてくる「そのとき」に備えて、できることなら聞いておきたいのもまた人情だ。

そこで、そんなときは「実家をどうするか」とストレートに聞くのではなく、親に「これから先、どうしたいのか」を訊《たず》ねることからはじめるのがいいだろう。

私自身、経済ジャーナリストとして数多くの相続問題を見てきたし、弁護士をはじめ、司法書士、税理士、行政書士ら多くの士業の先生方からいろいろな事例を聞いてきた。その中でわかってきたのは、「親子のコミュニケーション」がきちんと取れてさえいれば、実は案外ストレートに聞いても問題は起きないものだ、ということだ。

ところが、盆暮れの休みに自分の家族だけで海外旅行に行くのが楽しみで、実家に何年も戻らないというような子が「老後はどうするの」と突然聞いたとしたら、親から「もしかして財産狙《ねら》いではないか」と思われてしまったとしても仕方がない。

ではどうするか。親が元気なうちならば、盆暮れの旅行を1回でも減らして、実家に戻ること。そして、あらためて親の言うことに耳を傾ける。ここからはじめてみることをおすすめしたい。

この先、どうするのか。

・預貯金ほか、流動性資産で老後のお金を用意する。
・家を売却して資金をつくる。
・家を誰かに貸してつくる。

親子の関係だから言いにくいことも、その壁を越えて話せるようになれば、こうして具体的な話も出てくるはずだ。

老いてわかる「親子の真実」

「いや、家も要りません、そのほかの資産も処分してください。その代わりと言ってはなんですが、老後は自分たちで施設を探して、そこを終《つい》の棲《す》み処《か》にしてください」

このように子供に言われて、老人ホームに入居してくる方たちが大勢おられる、と東京屈指の高級老人ホームの関係者から話を聞いたことがある。たしかにドライかもしれないが、これからの親子の選択肢のひとつなのかもしれないと思う。

その一方で、こんなケースもある。ある分譲型老人向け住宅の契約時に、「40代の長男が怒鳴り込んできて、契約書をくちゃくちゃにされた」と、営業担当者が苦笑しながら語ってくれた。都内一等地の一戸建てに住む老夫婦が、家を売却して入居する段取りで進めているにもかかわらず、「親の家をいずれ相続するのは自分だから、絶対に契約させない」と言うのである。その場で親子の激しいののしりあいになり、その日の契約は流れた。後日、老夫婦から電話があり、やはり入居できないと伝えられたそうだ。

「親の面倒はみない、でも資産はもらう」ということだった。景気低迷が続き、子が親の資産をあてにするケースが増えているということをよく聞くが、この家では、親子間のコミュニケーションがうまくいっていなかったことは容易に想像がつく。

たとえ、「親の面倒はみない、でも資産はもらう」というような考えの子供がいたとしても、親がそれを知っていたら何か手を打てたはずだ。

子供とて、親が施設に入ろうかと思っていること、自宅を売却しようとしていることくらいわかるはずだ。

あまりコミュニケーションが上手ではない親子でも、話しているうちに「この先」への思いは伝わるだろう。そこで初めて家のこと、そのほかの資産の把握をはじめる。年金や生命保険の保障額、メインの口座はどこの銀行なのか。投資はしているか、それは株式投資なのか、投資信託なのか、順を追って一つひとつ確認していく。そうすることで、たとえば金融機関の営業担当にすすめられるがまま投資したと思われるような、危ない金融商品の存在も見えてくるかもしれない。早く売却したほうがいい金融商品なども見つかるかもしれない。

逆に、負債が見つかるということもある。手を打つなら早いに越したことはない。

元気なうちに把握したい親の資産

私の友人で、日本におけるファイナンシャルプランナーの草分けの一人という人物がいる。他人のお金に関する問題を解決する専門家である。その方のお母さまが、田舎の実家で一人暮らしをされている。

病気になったのを機に見舞いを兼ねて実家に戻ってみると、どうも様子がおかしい。これは病気のせいだけではないな、と話を聞いてみると、住宅リフォーム会社と称する怪《あや》しげなところから、縁の下が腐っている、シロアリに食われているなどと言われ、依頼してしまったというのだ。そこで領収書を整理していたら、住宅リフォーム代ほか、なんと数百万円分のわけのわからない領収書が出てきた。

「ああ、やられた」と、その友人は思った。メディアを通じて注意を促《うなが》してきた老人向けの詐欺《さぎ》まがい商法に、まさか自分の親が引っかかっていたとは……。

実際、この手の会社はネットワークがある。何かひとつでもだませたら、顧客情報を共有して次から次へと怪しげな会社の人間がやってきては、売りつけていくものなのだ。その手口は巧妙で卑劣《ひれつ》だ。電話でセールスしてきて断っても、宅配便で押し付けてくる。老人だけが住んでいるとわかれば、偽セールスマンがやってきて柔らかな物腰とやさしい言葉で、必要もない商品を巧《たく》みに売りつける。断ると暴力的な言葉で脅《おど》かすことも少なくないようだ。だから1社だけでなく、複数の被害が出やすいものなのだ。

これを機に、友人がお母さまから通帳や金融商品の書類を見せてもらったところ、まだ満期ではない商品を解約されて、利回りが不利になるような新商品になっていたり、ふつうなら絶対に手を出さないハイリスクな金融商品に投資したりしていたという。

正直、ものすごくショックだったそうだ。一人暮らしの老人をだます悪徳な会社や金融機関のセールスだけでなく、親を守れなかった自分に対しても。

しかし、このようなとき、まちがっても親を叱ってはいけない。年老いた親を萎縮《いしゅく》させ、次に大きな問題が起きたとき、隠して何も報告してくれなくなるからだ。親子のコミュニケーションを深めるためには、子供は親の話を〝傾聴《けいちょう》〟すること。これはとくに、離れ離れに暮らす親子にとって一番大切なポイントと言っていいだろう。

この友人は、金融機関に対しても不信感を募《つの》らせたものの、営業担当者は貴重な話し相手であり、その金融機関は一人暮らしをしていく中で地域とのつながりに欠かせない存在であることも改めて認識したという。低金利時代、利回りがさらに下がったとて、一人暮らしをしながら地域で円滑《えんかつ》に暮らすには、ある意味「言いなり」になっていたほうがいいと判断した結果だったのだ。

その金融機関への不信感をぬぐえたわけではないが、閉鎖的な地域の中で親なりに苦労をし、考え抜いた末の判断とわかり、母親を責めないでよかったと友人は思ったそうだ。悪徳業者に大切な老後資金を一部もっていかれたが、早く気づいてよかったという。

その後、金融商品の整理をし、預貯金、負債を確認して、親の資産を把握することができた。法務局で登記の確認もした。しかしこの先、親が万一のとき、実家をどうするかはまだ決めていない。友人には東京に家族も購入した家もあり、少なくとも実家に戻ることだけはないそうだ。

家屋敷の「境界」にトラブルあり

このように、実家に戻って住むかどうかは、すぐに決めなくてもいい。だが、親が元気なうちに「家屋敷」の現状は把握しておくべきだ。

2011年の総務省「全国消費実態調査」によれば、いわゆる被相続世代である70歳以上の2人以上の世帯の資産内容は、金融資産が37・0％、住宅・宅地資産は61・1％と、資産の中心は相変わらず不動産だからだ。

まずは家屋、農地、山林の広さを確認したい。不動産の権利証を調べ、権利関係を確認するために登記事項証明書（登記簿謄本）を入手する。その不動産がある地域の法務局などの登記所に行けば、誰でも閲覧ができ、証明書の発行もしてくれる。いまはコンピュータでも登記情報を閲覧《えつらん》できるようになった。登記に必要な登録免許税、不動産の固定資産税を算出するときに役立つ固定資産評価証明書は、本人か本人の委任状をもった人なら、その市区町村役所で入手できる。

都会の場合なら家と家の境《さかい》は明確で、固定資産税も徴収されているので、不動産評価で苦労することはなさそうなものだが、地方の物件の場合、誤差ではすまない厄介《やっかい》なケースがしばしば見受けられる。ひとつは境界線の問題だ。所有する土地の境界が、曖昧《あいまい》なことがあるのだ。

隣《とな》り合う家同士で、境界に木を植えてそれを境とすることがよくあるが、木が成長しすぎたり伐《き》り倒してしまったりして、境界がわからなくなることがある。また、石を置いて境界を決めておいたが、うっかり動かしてしまったなど、トラブルは絶えない。

当事者同士がそこに住んでいれば、まだ解決のしようがあるが、どちらかが空き家になったりすると、どこが境界線だかわからなくなる。土地を売却しようとしたとき、売り主には境界を明示する義務があり、境界線がクリアにならないと話が進まないのだ。先のことを考えて、必ず確認しておきたい。

境界線がはっきりしない土地を「筆界未定地《ひっかいみていち》」というが、田舎の土地は、登記簿と実際の土地の面積が大きく異なることがある。登記簿より大きいものを「縄延び《なわのび》」といい、逆に小さいものを「縄縮み《ちぢみ》」という。「縄延び」は固定資産税を安くするためだが、国土調査が行われる以前の明治時代に、自己申告して小さめに登記している例があり、これが案外多い。

売却しようとしたとき、買い手から「きちんと測量してからにしてほしい」と言われるケースも考えられる。さほど土地が広くなくても、測量費用は100万円台になることも珍しくないので、「公簿面積売買」といって、登記簿と図面と境界線の確認だけで納得してもらうケースもある。面倒だが解決策がないわけではないので、この先のことを考え、まずは現状を把握しておきたい。

実家の「価値」を調べよう

広さがわかったところで、次は、実家がいったいいくらくらいの価値があるのかを確認しておきたい。

価格は、ご存じの通り、人気度、需要と供給の関係や、売り主と買い手の思惑《おもわく》で左右される。都会の場合ならば、住宅情報誌をはじめネットや新聞折り込み広告など、JR、私鉄といった沿線別に情報が豊富にあるので、「だいたいこんなものか」と、実家の価格の予想も立てやすい。

だが、実勢価格ではない「土地の価格」は、相続税・贈与税や固定資産税を決める土地の価格に基づいている。この先、納めなくてはならないかもしれない相続税や親が納付している固定資産税を確認するうえでも、一度整理しておく必要があるだろう。

国や自治体から発表される公的な土地価格だけでも、「公示地価」「路線価」「基準地価

国土交通省「土地総合情報ライブラリー」

（国土交通省HPより）

（都道府県基準地価格）」「固定資産税評価額」など種類が多い。どれを基準に税金を考えていったらいいのだろうか。

土地取引価格を知りたいのなら、公示地価を参照する。これは、国土交通省（土地鑑定委員会）から毎年1回公示される、その年の1月1日現在の土地価格で、公共事業用地を取得する際の価格算定基準とされるほか、一般の土地取引価格の指標となることが目的となっているからだ。都市部を中心に選ばれた地点のみに価格が付され、毎年3月中旬に公示される。

実勢価格と乖離《かいり》している場合も少なくないが、国土交通省の「土地総合情報ライブラリー」（http://tochi.mlit.go.jp/）で全国の取引価格も閲覧できるのが便利だ。

路線価には「相続税路線価」と「固定資産税路線価」の2種類があり、一般的に「路線価」といえば「相続税路線価」のことを指す。これは、相続税や贈与税の算定基準となる土地評価額で、敷地そのものについての価格（単価）である公示地価の8割程度が目安とされる。その調査は、相続税法に基づいて行われ、国税庁（国税局）がそれぞれの価格を決定する。路線価は一定の距離をもった「路線」に対して価格が決められ、その路線に面する宅地の価格（単価）はすべて同じという考え方であり、個々の敷地における価格はその形状などに応じて補正する。

「固定資産税路線価」は、一つひとつの土地の固定資産税を決める際の基準となる価格だ。固定資産税や登録免許税、不動産取得税などを算定する際に用いるため、市区町村（東京23区は都）の固定資産課税台帳などに登載された価額である。公示地価の7～8割の水準とされているが、実際にはかなり乖離している場合も少なくない。こちらは、国税庁のサイト「財産評価基準書　路線価図・評価倍率表」（http://www.rosenka.nta.go.jp/）で確認することができる。

建っている家屋の価値は、年々下がっていく。親が建てた物件でも、長期ローンを払い終わるころには価値がなくなっているものだ。この「価値がない」というのは、売ってもタダという意味ではなく、固定資産税の減価償却《げんかしょうきゃく》に基づき、耐用年数22年の木造建築なら22年目には1割になるということだ。もちろん、その間のメンテナンスでも変わってくるが、上物《うわもの》の価値はあまり期待できるものではないだろう。ただ、第3章で紹介するが、都会・田舎を問わず、古さや趣《おもむき》が意外な価値をもつことがあるし、また税制面でも、更地にして売り払うことが必ずしもベストではないことも覚えておいていただきたい。

まさかの「未相続」に要注意！

家の広さや家屋敷の価格が大づかみでもわかった。ところで、実家は誰のもの——つまり、名義はどうなっているのだろうか。実は、相続が発生するときにこの点が大きな問題になることがある。

親の代で実家を購入した場合、家屋敷の登記は親の名義になっているだろう。ところが、祖父の代、さらには代々続くような家は、「まさか！」の事態が起こることがあるのだ。

そのまさかとは、未相続。つまり、実家の家屋敷が相続（名義変更）されていない、ということである。この先、相続が発生するときになって面倒なことになるので、必ず確認しておきたい。

早くに父親が亡くなった方によくあるケースが、母親が何年も固定資産税を払っていたので相続は済んだと思っていた、というものだ。相続が親まかせで自分がタッチしていないと、このようなことが起きやすいようだ。

土地建物が父親の名義ならば、母親が手続きをするだけだから母親と自分、もしくはきょうだい間で遺産分割協議をして、母親が土地建物の「相続」を済ませればいい。

ここでは以下、「きょうだい間の遺産争いはない」という前提で話を進める。

宅地や家屋は、法務局へ申請して母親の財産として登記する。申請書類は所有権移転登記申請書、相続人の戸籍謄本、被相続人の除籍謄本（生まれてから亡くなるまでの戸籍）、固定資産課税評価証明書、遺産分割協議書、相続人全員の印鑑証明、住民票の写し、あれば遺言書。そして、費用として固定資産税評価額の１０００分の4がかかる。

ところが、父親より前、祖父母やそれ以前の代で相続がされていないと、その代にさかのぼって子孫を全員捜し出し、全員にハンコをついてもらわないと相続ができない。つまり、家屋敷を売ることができないのだ。親類縁者が自宅近くならばまだしも、就職し、結婚して各地に離ればなれになっていたら、これは大ごとだが、実際にはこういうケースが驚くほど多いのである。

祖父母の代で未相続、ましてやそれ以前ということであるなら、司法書士に任せたほうがいいだろう。司法書士は不動産の権利に関する専門家で、所有権の移転について助言や手続きのサポートをしてくれる。また、たいていは土地家屋調査士、税理士らとネットワークをもっているから、境界線の問題や相続税関連、さらに相続でこじれにこじれるようなときなどには弁護士も紹介してもらえる。不動産諸問題を軸に相談するなら、司法書士を最初の窓口にするのがいいだろう。

たとえば、祖父母の代の相続人のハンコをついてもらう場合、必ずしも好意的とは限らないものだ。だが、第三者が仲介すると、案外スムーズにいくことが多い。

「あいつは生意気《なまいき》だから、押してやってもいいが、ハンコ代をよこせ」と言う人も出てくるし、代が替わって、血縁はあっても他人同然のような関係だったりする場合も、士業先生が頭を下げてくれれば、ごねることも少なくなるようだ。

司法書士が心強い味方になる

田舎のケースでは、地元の司法書士に依頼するのが、その土地の習慣もわかっているので話が早いともいわれるが、あえて別の地域の司法書士にしたほうがいいという考え方もある。地元の人が動くことで「誰々さんが土地の売買をするらしい」などと妙な噂《うわさ》が立ったり、不動産業者が動いたりすることがあって面倒だからだ。

親は田舎、自分は都会という場合なら、これはもう、司法書士に頼むのがかえって安上がりかもしれない。実家によく帰るという人は、地元で司法書士を紹介してもらうなり探し出すなりして、相談するといいだろう。

なかなか帰れないという人なら、ネットを検索して地元の司法書士に頼むということになるだろうが、評判まではなかなかわからないものだ。そんなときは、田舎と都会を結ぶ司法書士に依頼するのも一考だ。

「都会に住んでいて田舎の不動産問題のことならお任せを」と、田舎の実家の相続や登記などのアドバイスやサポートを主要業務にしている司法書士がいる。リーガルアクセス司法書士事務所の辻村潤《つじむらじゅん》氏だ（http://legal-access.jp）。

依頼者が現地に出張《でば》る必要もなく、事務所も渋谷駅近くに構えていて気軽に相談できる。東京の司法書士事務所で、田舎の不動産問題を主要業務として取り扱っているところは、おそらくこの事務所だけではないだろうか。

「当事務所では、東京で地方・田舎の不動産に関する相続手続きやその後の売却までを、それぞれの専門家（土地家屋調査士、税理士、弁護士、行政書士、不動産業者、解体業者など）と連携してお手伝いさせていただいています。ご実家について、『田舎だから売れない』とあきらめていらっしゃる方も多いですが、売却するにはまず相続の名義変更を済ませ、所有関係を明確にすることが大切です。

私どもでは、最終的なご実家の処分の見通しを考えて、遺産分割協議をするようにご案内しています」

単に不動産の名義を誰にするか決めるだけでは、その後の処分の際に他の相続人や親族の反対に遭《あ》い、結果として維持費を負担しながら所有し続けるケースが発生してしまう可能性があるからだ。

「なによりも、処分をお考えなら早く行動することが大切です。空き家になってから時間が経つと建物が傷《いた》み、さらに売却が難しくなります。『まだ家の中が片付いていない』とおっしゃる方もいらっしゃいますが、そのようなご相談にも対応いたします」

また、田舎の土地は農地がからんだり、土地が広くて複雑であったりすることが多く、手を焼くことがある。

「ひとつの土地だと思っていても、登記上は何ヵ所にも分かれていることがあります。分かれている土地を、それぞれ区画ごとに相続人が所有すれば所有関係は明確になりますが、〝とりあえず〟共同名義にすることが多いのです。この場合、土地の一画を売ろうと思ったとき、全員の承諾が必要になるため揉《も》めやすく、結局は処分もできず次の代に相続され、さらに相続人が増えて収拾がつかなくなる、ということが多々見受けられます。親が健在なうちに、これらの問題点を整理しておくだけでも、いざ相続となったとき、慌《あわ》てずに済むはずです」（辻村氏）

もちろん、共同名義は都会の不動産でもないわけではない。こうした場合も、司法書士にアドバイスをしてもらうといいだろう。

また、境界線がはっきりしない「筆界未定地」のほか、田舎の土地は、登記簿と実際の土地の面積が大きく異なる場合があることはすでに触れた。

このように複雑な場合は必ず、信頼できる第三者、司法書士などに間を取り持ってもらうようにするべきだろう。

相続税はどうなる?

誰のもとにも死は訪れ、相続は発生する。

お金のうえで誰もが心配する「相続税」だが、基礎控除があるので、従来は実際に相続税を納めなくてはならないのは、相続全体の4%程度だった。しかし、2015年1月1日から税制の変更によって基礎控除額が圧縮され、〈5000万円+法定相続人の数×1000万円〉だったものが〈3000万円+法定相続人の数×600万円〉になった。

仮に、相続人が配偶者と子供2人の計3人なら、相続税が発生する資産の合計額が8000万円以上だったのに対して、4800万円以上の遺産から相続税が発生するようになる。土地価格の高い都会の場合や、地方にお住まいで土地の価格が安くても大きな土地を持つ人は注意が必要になる。

もっとも、相続税の基礎控除額が40%も圧縮される一方、急激な変化に対していくつかの緩和策《かんわ》も講じられる。そのひとつが小規模宅地等の特例の拡充だ。小規模宅地の特例とは、被相続人の自宅敷地などの土地を相続する場合に、その土地の相続税評価額を減額できるもの。市街地では路線価を基準に決められるが、特例を適用すると評価が最大で80%減額され

相続税の主な改正の内容（一部抜粋）

	改正前	2015年１月１日以降
遺産にかかる基礎控除 定額控除	5000万円	3000万円
法定相続人数比例控除	1000万円×法定相続人の数	600万円×法定相続人の数
税率	10%　1000万円以下 15%　3000万円以下 20%　5000万円以下 30%　１億円以下 40%　３億円以下 50%　３億円超 （６段階）	10%　1000万円以下 15%　3000万円以下 20%　5000万円以下 30%　１億円以下 40%　２億円以下 45%　３億円以下 50%　６億円以下 55%　６億円超 （８段階）
配偶者に対する相続税額の軽減	配偶者の法定相続分又は１億6000万円のいずれか大きい金額に対応する税額まで控除	
死亡保険金の非課税限度額	500万円×法定相続人の数	
死亡退職金の非課税限度額	500万円×法定相続人の数	

https://www.mof.go.jp/tax_policy/summary/property/144.htm
（財務省HPより）

居住用宅地にかかる特例の適用対象面積の改正

区　分	内　容	相続する人	相続税評価額	上限面積	
				改正前	改正後
特定居住用宅地等	自宅の土地	・配偶者 ・同居または生計を同一にしていた親族 ・持ち家なしの別居家族	80%減	240㎡	330㎡
特定事業用宅地等	会社・工場の土地	・事業を引き継ぐ親族	80%減	400㎡	400㎡
貸付事業用宅地等	アパート・駐車場の土地	・事業を引き継ぐ親族	50%減	200㎡	200㎡

る。小規模宅地等の特例が適用できる土地は主に、

・居住用宅地（自宅の土地）
・事業用宅地（店舗や工場などの土地）
・貸付事業用宅地（アパートや駐車場の土地）

の３種類で、それぞれ評価減率、適用できる上限面積が異なる。

今回の改正で、居住用の宅地の適用の面積が以前の最大２４０㎡から最大３３０㎡へ拡大された。評価減率は80％減なので、坪数でいうなら、約１００坪までは路線価による評価が５０００万円の土地なら、１０００万円の評価額となる。さらに、居住用宅地と事業用宅地の両方とも適用を受けたい場合、７３０㎡までに適用される。

こうしたことを考慮すると、実際に相続税を納めなくてはならないのは、相続全体の４％程度から７

％程度になるのではないかとみる専門家が多い。

「2015年1月から相続税が大きく変わりました。しかし、新しい相続税の制度は、その後に相続が発生したケース。未相続の場合は従来の税率です」（前出・辻村潤氏）

小規模優遇措置があるから未相続を解消しようとする場合、先送りして時間稼ぎしようともくろむと、

①次の相続が発生すると相続人が増える。
②相続人の中に認知症の方がいると、遺産分割協議ができないことがある。
③この先、人口減少で不動産の処分に時間がかかる恐れがある。
④政府・日銀のデフレ脱却政策により、場所によっては地価の上昇で評価額が高くなってしまう可能性がある。

などの理由から、時間稼ぎどころか、早く手を打ったほうがいいと考えられる。相続そのものはまだ先というケースでも、都会の土地価格も下落し落ち着いたとはいえ、一部上昇傾向もあり油断はできない。対策は早ければ早いほどいいだろう。

第２章　都会も空き家が増えていく

「巣鴨化」する若者の街

2013年8月のことだが、『空き家急増の真実』(日本経済新聞出版社)の著者である富士通総研の米山秀隆《よねやまひでたか》氏と、TBSのラジオ番組「荻上チキ・Session－22」でごいっしょさせていただいた。そのとき米山氏が、「次の住宅・土地統計調査では空き家率はさらに高くなり、都心でも空き家問題が顕在化するだろう」と語っていたことが印象的だった。

私も取材で街を歩くとき、空き家と高齢者が実に多いと感じる。東京の高級住宅地といわれる世田谷区、杉並区などの「お屋敷」が並ぶエリアでも、明らかに増えている。まして、郊外の昭和40年代に建てられた当時の新興住宅地では、はっきりそれとわかるほど空き家が目につくのだ。

「はじめに」でも触れたが、東京・巣鴨といえば「お年寄りの原宿」といわれて久しいお年寄りの街だが、現実には、巣鴨のような街がすでに東京のいたるところにある。たとえば明治大学、帝京平成大学に続き早稲田大学も進出した東京・中野には「中野ブロードウェイ」というアーケード街がある。若者が集まる街のイメージがあるが、その実、巣鴨の地蔵通りとあまり変わらないような気がしてならない。

空き家と高齢者が増えている。それは〝気がする〟だけでなく、事実だった。

２０１４年７月に総務省から「平成25年住宅・土地統計調査」の速報値が、翌15年２月には確定値が発表された。そこから、２０１３年（平成25年）10月１日現在の総住宅と総世帯数、さらには問題の空き家の状況が明らかになった。

これも「はじめに」で見た通り、総住宅数は６０６３万戸と、５年前に比べて３０４万戸（５・３％）増加し、そのうち空き家は８２０万戸と、５年前に比べて63万戸（８・３％）増加。空き家率（総住宅数に占める空き家の割合）は13・５％と０・４ポイント上昇し、過去最高を記録した。

空き家の内訳は、賃貸用の住宅が４２９万戸、売却用の住宅が31万戸で、それぞれ空き家全体の52・４％、３・８％と、供給可能な住宅が過半数を占める。別荘などの二次的住宅が41万戸（５％）、転勤や入院などのため居住世帯が長期にわたって不在の住宅、建て替えなどのために取り壊すことになっている住宅のほか、空き家の区分ができない住宅を合わせた「その他の住宅」が38・８％となっている。

空き家率の全国平均は13・５%だが、関東大都市圏が11・４%、中京大都市圏が12・６%、近畿大都市圏が13・９%（三大都市圏は12・３%）で、三大都市圏以外は14・９%と深刻な数値となった。

同じ空き家でも、賃貸向けの共同住宅、つまりアパートやマンションの空き家は４７１万２０００戸（２００８年調査時は４６２万３０００戸）と多いが、すでに人が住むには危険なほど老朽化している場合を除き、賃貸物件なら、家賃さえ下げれば空き家（室）化を避けられる可能性はあるだろう。問題は一戸建ての空き家だ。２９９万９０００戸で、前回調査した２００８年の２５０万４０００戸から49万６０００戸増え、増加した空き家のうち実に79%を占めるという結果になった。老朽化が進むケースが多い長屋建ては45万５０００戸で、５年前に比べて３万９０００戸増となった。

予想されたこととはいえ、やはり空き家化は加速しており、とりわけ一戸建ての空き家化が深刻なレベルに達している。居住構成から想像するに、家主がお年寄りの独居で、長期入院したり、施設に入居したりしているうえ、後を継《つ》ぐ人がいないというケースが増えているとみて、まず間違いないだろう。

お役所の調査員になってみた!

都心でも空き家が増えている。私は、その実態を探りたいと思った。

総務省の土地建物調査は、2013年の秋に実施された。私は、その調査の仕事をしながら実態をウォッチしてみようと、都内のある区役所に問い合わせ、調査の仕事に応募することにした。特に試験があるわけでもない。首尾《しゅび》よく調査員になることができた。

すると、ある日、何時にどこそこに集合せよ、との指示があり、ターミナル駅から程近い公共施設に出かけた。

そこには多くのシルバー世代の人々が集まっていた。現役世代の男性は私くらいで、あとは時間にゆとりのありそうな主婦が多かった。

厚いマニュアルを配布され、調査をする期間中は公務員と同じで秘密保持をしなければならないとか、調査を拒否されたときはこのように対応せよとか、詳しく説明される。

「なんだ、めんどくせぇ仕事だな」

「5万円ほどの謝礼では見合わない」

などと、とくに男性の年配の調査員の人たちが口々に文句を言っているが、担当者の説明は淡々と続く。調査員の心得や訪問の仕方、簡単なロールプレイなどが収まったビデオを見たあと、書類に記入して、以上で散会ということになった。

手順はこうだ。まず、「総務省の土地建物調査をする」という告知のパンフを、自分が受け持つエリアに配付する。担当のエリアはすでに決められており、私の場合は2エリアほぼ120軒が担当になった。指定された約1週間の期間に、チラシをポスティングして、調査がはじまることを告知するわけだ。しかし、多くは他の投げ込みチラシといっしょになってしまうだろうから、どこまで読んでもらえるかはわからない。

次のステップとして、エリアの中でお住まいの方に実際に調査票を手渡しして、必要事項を記入していただくことになる。実は、これがたいへん厄介《やっかい》なのだ。

ご老人でも、家にいれば調査票を託すこともできる。しかし、朝出勤し、夜戻ってくる会社員が多いだろうし、共働き家庭は昼間は留守がちだ。実際、私が1週間ほどの期間に調査票を配付してまわり、平日の昼間で直接手渡しできたのは数軒だけ。集合住宅に至っては1軒もなかった。

となれば、土日を狙《ねら》うことになる。

しかし、休みの日の午前中くらいはゆっくり寝たいという方も当然いらっしゃるわけで、得体《えたい》の知れないヤツが訪問してくれれば不機嫌になりがちだ。怒鳴られたり、インターホン越しに無下《むげ》に断られたりして、なかなかコンタクトできない。昨今、オートロックのマンションが増え、しかもカメラモニターが付いているので、写真付きの身分証明書を見せたとて、無視される。

もっとも、何度かトライしてメモを置いてきたりするうちに、何軒かは調査票を受け取ってくれた。これは根性というか、ほとんど意地の世界だ。

運よく調査票を渡せても、1週間ほどの期限内に書いてくれるとは限らない。最終的には郵送の袋をポストに入れて、「あとはよろしくお願いします」となった。

ひとつ救いなのは、このときの調査からネットでの回答が可能になり、若い方々の中にはこちらを選択してくれ、回収の手間が省《はぶ》けたところもあったことだ。とはいえ、そうしたケースはごく少数だ。期限までに回答してくれない方々には再び郵送袋を配り、送付をお願いするという大急ぎの作業が必要になる。

およそ1ヵ月間で告知から回収まで行う。担当エリア内に住んでいる方には、片手間にすることもできるが、アルバイトとしてはけっして割のいいほうではないだろう。これは調査員の愚痴《ぐち》と読み流していただきたい。

中途半端なアパートが空いていく

空き家の実態の話に戻そう。

私が最終的に調査票を配った数は40軒ほどだったが、担当エリア外も歩きながら住宅を眺《なが》めているうちに、空き家になりやすい住宅のパターンが見えてきた。

ターミナル駅から徒歩10分ほど、オートロック付きのワンルーム新築物件で、家賃が10万円程度。広くはないが、独身の一人暮らしには十分といっていいだろう。こんなマンションに空きがあるはずもない。住民の平均年齢は20代という感じで、ほとんどが会社員だった。

3階建てなのでエレベータはないが、住み心地はなかなかよさそうだった。

そのマンションの隣《となり》には築30年と思《おぼ》しき木造アパートがあり、2DKの間取りで家賃は12万円ほどだ。交通の便から考えたら高くはないが、ちょっと古臭い。2階建てで、下3部屋、上3部屋の計6部屋だが、下の2部屋は空いていた。

住民に話を聞いてみると、1部屋はごく最近引っ越したそうで空き室になったばかり、もう1部屋は3ヵ月ほど空いているという。風呂場は確認していないが、台所は昭和の面影《おもかげ》が残る。使いにくさはないとしながら、20代半ばの住人は、「1人で暮らすには十分な広さだが、結婚していたらちょっと狭《せま》いかもしれない。上に住んでいる人はお子さんがいるようで、音が気になる」と話してくれた。

実は、「調査票を渡しながら、余計なことは詮索《せんさく》するな」と注意されていたのだが、相手に気持ちよく記入していただくには、コミュニケーションも大切なのだ。

そのアパートの並びに、同じく木造のアパートがあった。2Kの1階3部屋、2階3部屋の計6部屋。洗濯機を玄関の外に置くレイアウトだ。ここは「昭和50年代に建てられたのではないか」と近所の住人が教えてくれた。家賃は10万円くらいらしい。そしてなんと、入居者は2人だけだそうだ。残念ながら、このアパートの住人とは一度も会うことができなかった。

ほかにも、2棟の木造アパートが近くにあり、昭和40年代後半から50年代にかけて建てられたらしいが、前述のアパート同様、部屋は住人が入れ替わるたびに畳《たたみ》を替えるくらいはするだろうし、外壁の塗《ぬ》り直しくらいはするのだろうが、代わり映えしない建物のアパートはおしなべて空き室が目立った。

さらに、そのアパートの隣には、築年数を知っている住人がいない木造2階建てのアパートがあった。風呂はない。どうやら戦後まもなく建てられたらしい。

1畳ほどの玄関と上がり框《がまち》の横に一口コンロと水道がある狭小のワンルームで、1階4部屋、2階4部屋の8部屋がコンパクトに収まっている。とにかく古いし、お世辞《せじ》にもきれいとはいえない。家賃は5万円ほどで、コストパフォーマンスもいいとはいえないかもしれないが、まったく空きがなかった。ここ10年ほど住人の入れ替わりもほとんどなく、ずっと同じ人が住んでいるという。

調査票を持って訪ねると、「いま、××ちゃんは出かけたよ」とか、「耳が遠いから玄関開けて呼んでやってくれ」と隣の住人が声をかけてくる。落語に出てくる熊《くま》さん八《はっ》つぁんの世界のようで、独特の雰囲気がある。まるで肩を寄せ合うかのような懐《なつ》かしい感覚がした。おそらくこのアパートは、住人にとって居心地がいいのだろう。

さらに同じ町内に、下宿屋を改装したと思われる6畳一間のアパートがあった。一棟は小さいのだが幅1メートルもない廊下で仕切られ、下5部屋、上5部屋の2階建てだ。こちらも風呂はないが、各部屋にトイレはある。家賃は6万5000円らしい。全室とも空きなし。玄関はひとつで、住人はそこで靴を脱《ぬ》いで自分の部屋に持っていく方式だ。

住人に聞いたところ、「夜間の仕事をしている人が多く、朝寝て昼起きる生活をしていても、みなが似たサイクルの生活だから、隣の部屋と薄い壁で仕切られているだけだが、静かにぐっすり寝られて快適だ」と言っていた。ここは隣同士の関わりはいっさいないという。これはこれで、お互いの生活に干渉《かんしょう》し合わない居心地のよさがあるに違いない。

アパートの空き室の有無はエリアの問題かとも思ったが、同じターミナル駅から徒歩15分ほどの別のエリアでも、昭和40～50年代くらいに建てられた木造アパートの空き室率は高かった。

その原因はおそらく中途半端《ちゅうとはんぱ》な広さと使い勝手の悪い水まわり、隣や上の階からの音の問題、そして決定的なのが、中途半端に高い家賃と思われる。逆に、ものすごく古くても、家賃さえ安ければ人は入るのではないだろうか。その証拠といってはなんだが、築年数不明のアパートにもかかわらず、空き室がひとつもないところが実際に存在している。なにしろ、交通の便のよさだけを考えたら東京でも屈指《くっし》の好立地なのだ。

ものすごく住宅が密集した地域だが、おそらくはバブル期の地上げも失敗に終わったのだろう。古い家屋と新しいマンションが混在し、空き地だったがしかたなく駐車場にしたと思われるコインパーキングが点在する。現状では、大きなマンションは建てにくく、また道路幅が狭く、法律上建て替えも困難なのだろう。そのため、古いアパートが残っている。こうした物件を相続するようなことがあったら、なかなか苦労しそうだ。

隣人はいつの間にか外国人？

下5部屋、上5部屋のアパートを訪ねた。窓に人影は見える。だが、インターホンを鳴らしても出てこない。ほかの部屋でも中から音楽が聞こえたり、テレビの音がしたりする。しかし、インターホンにはいっさい応《こた》えない。電気のメーターは勢いよく回っているのに反応がない。1軒はインターホンのケーブルを抜いているのか、鳴りもしなかった。

お隣の一軒家に調査票を回収しにお邪魔した際、そのアパートのことを聞いてみた。すると、その家のおじいさんは、

「隣のアパートの住人はみんな外国人でさ、誰も出てこないよ。先日、パトカーが来て、おまわりさんがドアをノックしても出てきやしない。最後はおまわりさんが大声で『開けろー』って、警棒かなんかでドアを凄《すご》い音で叩《たた》いて。すったもんだがあって。日本語がわからないから出てこないって近所では話しているんだけど、本当はどうかな」

と、堰《せき》を切ったようにお隣さんの苦情を言い始めた。どうやら、住んでいるのはアジア系

の外国人のようで、夜遅く騒いだり大音量で音楽を聴いたりするような〝迷惑行為〟はないものの、生活の実態がよくわからず、「なんだか気味が悪い」というのが本音のようだ。

不動産業者を介してはいるのだろうが、「住人がいつの間にか変わっていくような気がする」と言う。たまにしか顔を合わすことはないが、挨拶《あいさつ》もない。アパートができた20年前くらいは、住人は日本人の若いサラリーマンや学生たちだったが、いつの間にか外国人ばかりになったそうだ。近くに大学や専門学校があるので、その学生かもしれないし、ターミナル周辺の飲食店に外国人が多いから、そこの従業員たちなのかもしれない。

実態は、ご近所さんにもわからないのだ。

老老介護の高齢女性の嘆き

一軒家にお住まいの、あるご高齢の女性から、「調査票の記入の仕方がわからないので、手伝ってほしい」と言われ、玄関先で代わりに記入させてもらった。役所としては「あくまでご自身に書いてもらえ」と言うかもしれないが、誰が調査票を書いたって、結果が同じならいいだろうと勝手に判断して、書き込んでいった。「プライバシーにかかわることばかりで、余計なことは話すな」と言われている。だが、私が代筆していると、その方は盛んに将来の不安を訴えてくる。

ご自宅は亡くなったご主人が購入したもので、お元気のうちにローンを完済して、リフォームもされている。お子さんはお嬢さんがお一人で、ご結婚され、東京の隣の県にお住まいだそうだ。1ヵ月に1～2回は見に来てくれるが、80歳を過ぎて健康面でやはり不安だ、という。

だが、現実的にもっとも辛いのは、亡くなったご主人の弟さんを老老介護していることだそうだ。ご主人は2人兄弟で、親戚付き合いもないことから、弟さんがころがり込むようにやってきた。85歳という義弟は、年金がない状況で、面倒だから役所に相談に行ったこともないという。「私が義弟より先に死んだらどうしようかと思う」と、それほど遠くないかもしれない将来の不安を口にされる。

その方には、まずは唯一の肉親であるお嬢さんとしっかりお話をすることをおすすめした。子供のほうから、「お母さんが亡くなったら、叔父《おじ》さんのことは誰が面倒をみる？」「この家をどうするの？」といったことは聞きにくいものだ。娘さんがいらしたときに、まずは老老介護の現状や、家のことをどうするのか話してみてはいかがでしょうか、と。しかし女性は、「娘に負担をかけたくない」とくり返す。

「でも、それが子供の役目でもあるわけですから」と私。

「いや、娘には言いたくない」と女性。

そこで、「でしたら、行政に相談してみてはどうでしょう」と提案してみた。市区町村役所に行ってみる。どこの窓口かはわからないけれど、たらいまわしにされるかもしれないけれど、相談しては……と。ちょうど私は、役所から支給された写真入りのＩＤカードを首からさげており、これが役に立ったのか、「一度相談してみます」と言ってくれた。


行政相談ということでは、一応、「公益社団法人全国行政相談委員連合協議会」(http://www.zensoukyou.or.jp/index.php) という組織があり、総務大臣から委嘱を受けた行政相談委員が全国に５０００人ほどいて、どこに相談していいかわからないようなケースも含めて相談に乗ってくれることになっている。また、「行政苦情１１０番（０５７０－０９０１１０)」に電話をすると、最寄《もよ》りの総務省管区行政評価局・行政評価事務所につながる。行政相談委員が開設している相談窓口や行政相談についての問い合わせ先だ。総務省では、インターネットでも行政相談を受け付けている (https://www.soumu.go.jp/hyouka/gyousei-form.html)。

知らないうちにシェアハウス

調査したエリアの中には、シェアハウスもあった。ただし、一軒家の空き家が、いつの間にかシェアハウスになっていたのだという。

表札には中国名の苗字《みょうじ》が書かれている。3階建ての住宅だが、入り口は2つある。私も最初は二世帯住宅かと思っていた。

何度か訪問したが留守ばかり。日曜日の午後、一人の若い男性が出てきてくれた。調査票を郵便受けに入れ、メモを残したことを話すと、「まったくわからない」と言う。話を聞いていくうちにはじめて、そこがシェアハウスになっていることがわかったのだ。

もともとは二世帯住宅だったが、親が亡くなり子が相続したものの、売りに出して、現在のこの家の主《あるじ》が購入したらしい。最初の印象は当たっていたのだ。

応対してくれた若い男性は、普段は中国で貿易のビジネスをしていて、年に2〜3回来日するときにここの3階の部屋で泊まるという。ほかの住人は20代男性ばかりで、会社員、学生、中国人留学生など。みなオーナーと知り合いという縁で入居したという。1階のリビング、キッチン、バス、トイレが共有スペースで、2階の3部屋をシェアしているらしい。家賃は教えてくれなかったが、「シェアでなければ一戸建てには住めない」と言っていた。

もう一軒、実態不明のシェアハウスと思しき一軒家があった。2階建てで、おそらく建坪《たてつぼ》にして40坪。3LDKに何人も暮らしているようだった。

調査対象外なので、残念ながらお宅の中を拝見することはできなかったが、近所の方の話では、「住人が高齢で施設に入ったのではという噂はあった。しばらく空き家になっていたが、気がつくと大工さんたちが来てリフォームしている様子だったので、お子さんが戻ってくるのかと思っていた。ところが、知らない人たちがぞろぞろ入ってきて住むようになった」と言う。

お子さんは知っているけれど、姿を見たことがないから、売ってしまったのか、どうしたのかわからないそうだ。

大手ゼネコンのマンションが建設中で、「近くに大きな駅こそあれ、静かな下町だったのに、どんどん変わっていきますね」とおっしゃっていたのが印象的だった。

地域コミュニケーションが重要

シェアハウスは、個人が知り合いに貸して管理できているうちはいいけれど、アパート経営感覚ではじめると、いつの間にか誰が入居しているのかわからなくなり、気づいたら儲《もう》かるのは仲介する業者だけ、ということがあるという。実家が都会にあって、空き家になったときの対策としてシェアハウスが選択肢にあったら、相当に注意すべきだろう。

空き家になると家の傷《いた》みは急速に進み、荒れる。ゴミを投棄されたり、動物の棲《す》み処《か》になったり、放火されたり、不法に立ち入られたり、犯罪の温床《おんしょう》になったりと、迷惑なことばかりだ。シェアハウスになれば動物の棲み処になることはないが、たとえ特定の人が住んでいても、近所の人から見れば不特定多数の住人ということになる。「街の雰囲気が変わって嫌だ」という声もある。

以前、東京の高級住宅地に建つ「お屋敷」をシェアハウスにすることになり、近所の方々がお屋敷の息子さんに「やめてくれ」とお願いする、というより、反対運動を起こしたことがあった。結局、息子さんは強行したものの、遺恨《いこん》を残してしまった。

ただ、このケースは、小さな部屋にもかかわらず間仕切りして二段ベッドを置いて蚕棚《かいこだな》のようなところに住まわせる、昨今「貧困ビジネス」と批判されているようなものではまったくなかった。リビングを共有スペースにして、各部屋に一人ずつ住まわせるまっとうなシェアハウスであった。

おそらく、ご近所には高齢の住人が多く、しかもその街に住むことを誇りにしているため、入居してくる方々を快《こころよ》く思わなかったところから感情的ないざこざになってしまったものだろう。非常に残念なケースだった。

傍《はた》から見れば「バカバカしいこと」かもしれないが、住んでいる人の心情として「許せない」ということはあるのかもしれない。もちろん人が増えるわけだから、ゴミの問題とか、複数の人が共有スペースで語ったりすることで音の問題も出てくることは確かだ。

現在では、周囲がそのシェアハウスの存在に慣れたせいか、住民間のトラブルらしいトラブルはないようだ。だが、近所には手書きの「シェアハウス建設反対」の看板が残されたままである。

一方、これとはまったく逆で、やはり高級住宅地ではあるが、近所の方々に「自宅をこのようなシェアハウスにしたい」と相談し、近所の住人も立ち寄れる「場」を提供する約束もして、結果的に周囲からむしろリフォームを待ちわびられたケースもあった。

相談にあたっては、設計段階から工務店の担当者や建築士も呼んでオープンなミーティングをしたという。家主もシェアハウスに住み、管理人も兼ねていた。これなら、たとえ知らない人が入居しても、近所の人は安心するだろう。

ここは、将来的には、ケアハウス的な施設にしたいと思っているそうだ。

やはり、地域のコミュニケーションは大切である。

血縁のない家族をつくる家

「地域のコミュニケーションを重視した」というシェアハウスがオープンした。東急電鉄が賃貸住宅事業の新たな取り組みとして、渋谷区代官山《だいかんやま》に子育て支援をコンセプトとして開業した「スタイリオ　ウィズ　代官山」だ。

やはり、大手企業が目的をもって行うと、同じシェアハウスという名前でも社会貢献《こうけん》的な色合いを打ち出しやすく、マスコミにも訴えやすくなる。

東急東横線代官山駅から徒歩2分、JR山手線・東京メトロ日比谷線恵比寿駅から徒歩11分の場所に、渋谷区が所有していた旧職員住宅の土地建物を東急電鉄が借り受けるかたちで、シェアハウスとしてリノベーションさせたのだ。「こどものために。自分のために。そしてみんなのために。」をキャッチフレーズに、ひとり親の子育てを応援したい方をメインターゲットにして、子供がいる人もいない人も、入居者同士が支え合いながら「みんなで子育て」ができる環境づくりを目指したという。

共用部には、子供の創造性を刺激する「落書きボード」のあるリビング、親子の団欒《だんらん》を促《うなが》す各階のユニットバスやミニキッチンなどを設置。屋上には、ウッドデッキや家庭菜園に加え、子供たちが素足で遊べるエリアを設けるなど、入居者みんなで子育てができるシェアハウスとして、さまざまな設備・サービスを導入している。子育て中の心配ごとを入居者同士や地域住民で気軽に助け合い、シングルペアレントの方が、仕事と子育てを両立するための環境整備を行っているのだ。

既存住宅ストックを積極的に活用するという点で、空き家の対策になるだけでなく、新しい賃貸住宅のあり方としても注目されている。

また、こうした企業の取り組みだけでなく、地域にNPOを立ち上げ、同様のコンセプトの下、多世代で子供を育てていけるシェアハウスも誕生している。

「病気をきっかけに、一人暮らしをやめてシェアハウスに住むようになりました。食事、掃除などの雑用をシェアできるので、時間にも余裕ができるようになりました」

こう語るのは田崎増雄《たざきますお》さん（32歳・会社員、仮名）。NPOが運営するシェアハウスに暮らしている。東急のスタイリオ同様、赤ちゃんから高齢者まで幅広い年代で、難病や障がいがある人も含めて、国籍、宗教、職業も異なる多様な人々が、生活の一部を文字通りシェアしながら暮らすという、北欧で誕生した「コレクティブハウス」と呼ばれる住まいのスタイルだ。通常の集合住宅と同じように戸別にバス、トイレ、キッチンはあるが、住人で一緒に食事をつくって食べたり、ハウスの運営や管理をお互いに協力し合ったりするという。

「私は、子供のころからあまり家庭に恵まれず、結婚もしましたが2年で離婚しました。『一人ぼっちの人生を過ごすのも悪くないか』と開き直った時期もありましたが、大きな病気をして、家族がほしくなりました。血縁はありませんが、ここの住人は家族です。赤ちゃんもいれば80歳の方もいます。難病を患《わずら》い身体が少しばかり不自由な方も。仕事が終わり〝家〟に帰ったとき、『おかえりなさい』と声をかけられると、ここに暮らしてよかったと思えます」

また、周辺住民を共同スペースに呼んでイベントやゲームをするなど、地域の人々も巻き込んでいる。多少のトラブルは〝家族〟で助け合って解決していくそうだ。

このシェアハウスは、都内一等地の集合住宅を改装したもので、家賃はワンルームで9万円、2DKで12万〜13万円ほど。周辺のマンション家賃相場より少し高いが、お金に代えられない魅力があるという。単身世帯が増え、人と人のつながりが失われていく日本のありようを指した「無縁社会」という言葉もあるが、ここでは、もとは〝無縁〟の人たちが集まり、〝家族〟を形成している。

都会の一軒家が空き家になっていく代表的な原因は核家族化だ。その現象はいまにはじまったことではないが、実家から独立して購入するか賃貸にするかは別として、子供たちもやがて自分の家を持つようになる。親が亡くなったり、高齢化して施設に入居したりして空き家になる。この「負のサイクル」に対する企業やＮＰＯの取り組みは、まだ一例に過ぎない。だが、いま見たような〝家族〟をつくるコンセプトや、既存住宅の活用は、これからの新たなステップになるかもしれない。中古の一戸建ての住宅や共同住宅一棟をリフォームで活用することができるので、空き家対策としても期待できる。

街づくりが「空き家化」を防ぐ

総務省の「住宅・土地統計」の調査で、私は10日ほど歩いただけだが、それでもアパートに空き室ができていくプロセスは手に取るようにわかった。

手を加えず、需給関係を無視した家賃設定では、空き家一直線だ。一軒家でも、老老介護のあとには、「主のない家」となる。少子高齢化社会の急激な進行により、都会のターミナル駅近くですら空き家が増えていく。東京周辺の大きな都市でも、自治体が空き家対策を真剣に練《ね》っている。まして、郊外の住宅地には空き家が目立って増えているのだ。

中でも東京の郊外、米軍横田基地がある福生《ふっさ》は深刻だという。人口の減少もほかの街よりも多く、空き家率は16％を超えているという。

福生市内にはＪＲ青梅線、五日市線、八高線が通り、中央線直通で東京方面に行ける電車もある。幹線道路である国道16号線のほか外環道のインターチェンジも近くにあり、交通の便が悪いわけではない。福生駅周辺は大きなスーパーもあり、生活が不便というわけでもない。横田基地周辺は観光地にもなっている。ジェット機の離着陸の音は、昔に比べれば、静かとは言わないまでも、頻度は少なくなっている感じはする。

にもかかわらずなぜ、人口が減るのだろうか。市議会でも議論されている。

若い世代を呼び込むため、住環境を整備し、持ち家率を高めるような施策を進めているようだ。しかし、傍から見ていると、新しい集合住宅を建てるより、もっと街の特徴を生かせないものか、と思う。たとえば、基地周辺にある米軍ハウスなどは、築50年にもかかわらず人気の物件といわれている。基地周辺のアメリカンテイストの飲食店やショップのイメージを生かして、古い住宅を上手に再生したり、新しい住宅を供給したりするにしても街のイメージと合わせる方法はないのだろうかと思わずにはいられない。

もちろん、早く日本に返還しろとか、軍のイメージなんかとんでもない、という向きもあろう。ただ、こうした環境を逆手《さかて》にとって街が活性化すれば、人は集まってきはしないだろうか。街の資源を生かさないのは、なにか「もったいない」と感じられてならない。

実際、街を歩いてみると、集合住宅の空き室が多いようだし、米軍ハウスも老朽化して空き家となっているものも少なくない。

同時に、取材して面白いと感じたのは、地域に音大生が多いことだ。基地周辺なので防音対策が施《ほどこ》されており、音が漏《も》れにくいのだ。とはいえ、そうしたアパートも、あまり手を加えておらず中途半端に古いところは、さすがの音大生も逃げ出すそうである。

どこにでもあるような新しい集合住宅を供給するより、既存の住宅をリファインしてより安い家賃で住めるようにしたほうが、人が集まるのではないだろうか。おそらくは、街の売りを理解して強力に音頭《おんど》取りをする人が現れると、状況は一気に変わるだろう。

都会型ではなく、地方の都市が展開している特徴ある街づくりが今後のモデルになるような気がしてならない。このような街に実家がある人には、家を有効活用するヒントがありそうだ。

第３章　都市部の実家をどうする？

空き家になったら「時間稼ぎ」を

親が長期入院することになったり、施設に入居したり、またはお亡くなりになったりして、実家が空き家になってしまった。

本来なら事前に計画を立てておくのがいいことはわかっていても、なかなかできず、空き家という現実に直面して困惑《こんわく》する。あるいは計画を立てていても、いざ現実のものとなった場合、今後、具体的にどう維持していくかはすぐには結論を出せないものだ。

そんなときは、まず現状維持をして、時間を稼ぎたい。

自分が生まれ育った地域に実家があるなら、ご近所に多少なりとも知り合いがいるはずだ。親自身も近所付き合いしていたことだろうから、まずはそのお宅に出向き、状況を話して、「しばらく空き家になるのでご迷惑をおかけするかもしれませんが、どうかよろしくお願いいたします」と菓子折りのひとつでも携《たずさ》えて挨拶《あいさつ》だけでもしておきたい。

空き家はとにかく、近隣の住人にとって迷惑な存在だ。

住む人のいない家はすぐに傷《いた》みだす。一時的に空き家になっている分にはたいした問題にはならないが、時間が経つうちに老朽化が著《いちじる》しく進み、やがて手がつけられなくなる。不審者が住み着くこともあれば、あまり行儀《ぎょうぎ》のよくない未成年がたむろして犯罪の温床《おんしょう》になることもある。放火されたり、やがては倒壊するなどのおそれもある。ゴミを不法投棄されやすくなったり、市街地でも野良猫や野良犬、野生動物の棲《す》み処《か》になったりするなど、周辺住人への精神的、物理的な被害をもたらす可能性がある。

とにかくこの先、売却するのか貸すのか、メンテナンスして維持するのか更地《さらち》にするのか、ご近所の方にどういう方針でいるのかを伝え、「なにかあれば連絡をください」といって連絡先を知らせるくらいのことはしておくべきだ。それだけで周辺の住人は、主《あるじ》がいなくなった家でも、所有者の顔が見えて安心するものだ。

入院や施設に入れるなどした結果、空き家になった場合、なにか後ろめたくて言いづらかったり、状況を話すことに抵抗を覚えたりすることもあるだろう。だが、そこは体面《たいめん》を気にするべきではないのだ。

自分が生まれ育った実家ではなく、親が新たに購入し、自分に縁がないところや分譲の集合住宅の場合でも、するべきことは同じ。空き家になったことと、今後実家をどうするのかを伝えることからはじめたい。

さて、空き家のまま維持する場合、どのようにしたらいいだろうか。

自宅から実家が近ければ、休みを利用して、掃除や家のメンテナンスに出向くのがベストだ。このとき近所の人たちに声をかけるなどしていれば、その後なにかあったときに連絡をしてくれるような関係を築きやすい。

実は私自身、地方で仕事をしていてあまり帰宅されない方のお宅の様子を見ている。相手は、私が子供のころから世話になっている方なので、特に頼まれたわけではないのだが、たまに雑草を取ったり、掃除をしたりしている。その程度ではあるものの、近所の人たちはそれを知っているから、なにか不都合が起きると私に声がかかる。

大きな台風が過ぎた次の日のことだった。「瓦《かわら》が落ちそうだから、何とかしてくれ」と声がかかった。言われてその家に行ってみると、確かに瓦が落下しそうな気配がしないでもない。「通学路だから、万一子供たちに落ちたらあぶない」と言う。瓦の落ちそうな先を見ると、なにかの弾《はず》みでその方の家のクルマに当たりそうだった。

それはさておき、すぐに私から家主に連絡したところ、速《すみ》やかに戻って来て、屋根を修理するとともに風で飛んだゴミもきれいに片付けて、また仕事に出かけていった。

私がその家に上がりこんで窓を開けたりするようなことはなく、たまに家のまわりの掃除をするくらいなのだが、このような関係で様子を見ていると、見守る側としても気が楽だ。しかも近所の目があるので、不審者が住み着くようなこともなければ、いたずらされることもないから、家主が留守がちであっても気にならない。

「空き家」が生まれ育った実家なら、こうして、私が手伝っているくらいのことをお願いできる人はいるのではないだろうか。

空き家管理サービスを利用する

ちょうどいい方が見つからないようなら、空き家管理のサービスを利用する手もある。「空き家管理」というキーワードでネット検索すると、すぐにヒットする。不動産業者などが空き家を管理し、月に1〜2回ほど空気を入れ替えたり、家電製品の動作を確認したり、清掃や家のメンテナンスをしたりするのをウリにしている。不動産業者なら、今後賃貸にしたり、売却したりと、家の活用を考えるうえでもいい相談相手になるかもしれない。

もちろん、実家の鍵を預けるわけだから、信用の問題もある。そこは地元の人脈を生かすなりして、信頼できる業者を探すのがいいだろう。相場としては、月に1回空気の入れ替えと簡単な点検や清掃で、1万円から1万5000円程度といったところか。

ホームヘルパーを派遣する会社でも、空き家内の清掃をしてくれるところがある。お掃除のプロ集団だから、空気の入れ替えだけでなく、掃除も定期的に行ってくれるのがいい。大手のホームヘルパー派遣会社に問い合わせたところ、本社直営とフランチャイズ展開の会社があり、全社共通のサービスではないが、近くの店舗に相談してほしいとのことだった。

ホームヘルパーとして働く方が知り合いにいたので話を聞いてみると、介護ヘルパーの仕事で訪問して気に入ってくれて、そういう方が施設に入ったり、お亡くなりになったりしたあとに、「留守宅も」と依頼されるケースが多いそうだ。勝手知ったるお客さんの家だから要領もわかるし、お客さんも安心してくれるようだ、という。

実際のサービスとしては、介護がないだけで掃除はきっちりやるし、庭の草取りも行う。住む人がいなければ、そうそう汚れないように思うかもしれないが、1ヵ月も家を空けると、埃《ほこり》は案外たまる。季節にもよるが、家人がいるときに比べてかび臭くなったり、洗面所やトイレの湿気がかなり気になったりするという。

家の外観をチェックし、会社を介して顧客に報告するシステムで、修繕するのであれば業者に依頼もする。住んでいてもいなくても、たとえば雨どいのように一見関係なさそうに見える設備も、家人がいなくなると外れたりしがちだという。家は、やはり人が住んでいないと傷むものだと実感する。

料金は会社によって異なるが、食事をつくったり、買い物のサポートをしたりする、いわゆる「介護をしない家事代行サービス」と同額くらいが相場のようだ。月に1回で2時間2万円くらいだろうか。

防犯という面を重視するなら、警備会社がいいかもしれない。

警備会社でも空き家管理サービスをしているところがある。空き家や、入院や施設入居での長期の留守などに対応して、警備システムと連動させたり、巡回や郵便受けのチェックをしたりといったサービスが受けられる。家に上がって空気の入れ替えや掃除をするわけではないので、意外と安く、5000円くらいからだ。

犯罪の抑止効果があるという警備会社のステッカーを貼ってくれるので、防犯効果やセキュリティサービスと連動という点では、安心だ。万一放火されたとしても、火災通報システムにより、被害も最小限にとどめられるだろう。

近所のことを考えたなら、これも「安心料」かもしれない。

「公共料金」の節約を忘れずに

空き家管理にはお金がかかる。これは都会でも田舎でも同じだが、忘れてはならないのが「公共料金」の節約だ。

電気料金なら、照明や掃除用の家電製品が使える程度にアンペア数を落とす契約の変更をするのがいいだろう。およそ6〜7A《アンペア》のエアコンは使用せず、2部屋で照明を点《つ》け、10A程度の掃除機を「強」で使用したとして15A契約（約420円／月）。もう少し余裕をもたせて20A契約（約560円／月）にすれば、多くの家庭で契約している50A（約1400円／月）の3分の1程度の基本料金で済む。

田舎ならプロパンガスの供給契約を休止したり、都市ガスが引かれているなら思い切って契約を解消するなどして基本料金を浮かすことも考えておきたい。年に1〜2度くらい帰るだけなら、暖房は灯油ストーブを利用するなど別の手段を講じればいいはずだし、掃除や空気の入れ替えだけなら冷暖房はがまんできるだろう。

携帯があれば固定電話はいらない。NTTの古い機種を使用している場合、電話機の使用料も取られていることがある。小さなことでも出費を抑えていきたい。

主な電気機器のアンペアの目安

インバータエアコン (冷房時おもに10畳用平均) 〈立ち上がり時など〉	冷房5.8A〈14A〉 暖房6.6A〈20A〉
電気カーペット (3畳用)	1/2面　4A 全　面　8A
テレビ	液晶42型　2.1A プラズマ42型　4.9A
掃除機	弱　2A 強　10A
アイロン	14A
ヘアードライヤー	12A
冷蔵庫 (450Lクラス)	2.5A
電子レンジ (30Lクラス)	15A
IHジャー炊飯器 (5.5合・炊飯時)	13A
IHクッキングヒーター(200V)	20A〜30A (最大使用時58A)
食器洗い乾燥機 (100V卓上タイプ)	13A
ドラム式洗濯乾燥機 (洗濯・脱水容量9kg)	洗濯時　2A 乾燥時　13A

※各電気機器を使用した場合の想定値です。実際のワット数・アンペア数は各機器の取扱説明書などをご確認ください。

契約アンペア(A)	10	15	20	30	40	50	60
基本料金 (円/月、税込)	280.80	421.20	561.60	842.40	1123.20	1404.00	1684.80

※従量電灯Bの場合

(東京電力HPより抜粋)

ただ、上下水道に関しては、利用している自治体や、設置されている水道管の太さで異なるが、20ミリ口径で20㎥を使用したとして、1ヵ月で3000〜4000円ほどの固定費はかかってしまうだろう。しかし、飲料用や水洗トイレ利用を考慮して契約を解除せず、蛇口をひねれば水が出るようにしておきたい。

イの一番は「荷物の片付け」

最近、実家の片付けに関する相談を受けることが多い。

仮に建物を解体して更地にするにしても、「荷物を片付けてから」という問題を避けて通ることはできないし、他人に貸す場合も、実家にある荷物は片付けてきれいさっぱりさせなくてはならない。これは、肉体的にも精神的にも相当の力仕事だ。


「捨てました。とにかく捨てました」

と振り返るのは、村沢修也《むらさわしゅうや》さん（56歳、仮名）だ。

村沢さんは、お母さまが施設に入居するにあたり、都内のいわゆる高級住宅街に建つ実家を貸すことを選択した。不動産業者に相談したところ、築30年弱、3LDK50㎡と比較的小さいので、家賃も設定しやすく、「すぐに借り手は見つかるでしょう」と言われた。家賃設定は不動産業者にまかせることにした。しかし、問題は借りてもらえるかどうかより、家財道具をどうするかだった。

とにかくたくさんの家財道具があった。その３年前に亡くなったお父さまの身の回りのものには手をつけず取っておいた。だが、施設に持っていけるものはほとんどない。

村沢さんも弟さんも、それぞれの家に持っていけるものは限られていて、せいぜい学生時代の思い出の品くらいだ。亡くなったお父さまのゴルフクラブも形見《かたみ》になるかとも思ったが、錆《さ》びていて使い物にならない。断捨離《だんしゃり》ではないが、「段ボール箱１個まで」と決めて、あとは処分することにしたという。

村沢さんがお勤めの会社のグループに運送会社があり、家の不要物を処分してくれるサービスをしてくれることがわかった。そのうえ、社員割引が使えることもあって、見積もりを依頼した。２トントラックで３台分、作業員３人、２日間の作業で約50万円だったので、「まあこんなものか」と依頼したという。

見積書は業者が用意したチェックシートを見ながら、家にある不用品と照らし合わせて、☑を入れていくというものだった。だが、村沢さんがその会社から提案されたのが、「パッケージ料金」なるもので、ざっくりと家中の家具や押し入れのものを見渡して提案されたという。それが約50万円だった。

しかし、何がどうなったのかわからないが、家財の片付けが終わると、実際はほぼその倍の90万円ほどの請求になった。社員割引がなければ、100万円はかかっていたという。

どうしてこんなことが起きるかといえば、「パッケージ料金」というシステムの内容を把握しないで、頼んでしまったことが原因だ。

2トントラック3台分、作業員3人ということだったが、それはあくまでも概算であって、トラックの台数も結局は5台分に増え、家電品のリサイクル代金は別、古いエアコンの撤去は別、清掃は別など、「パッケージ」とはいいながら別料金が次々に発生。さらには、家の前にトラックを横付けできず、搬出の特別料金も加算されていた。作業がたいへんということで応援の作業員も来て、結局はその分の代金も支払うことになった。

「いやあ、関連会社だから大丈夫と思ったのが失敗でした。面倒ですが、これは要る、これは要らないとちゃんとチェックして処分したほうが安かったかもしれません」

また、関連会社ということで文句を言いにくく、泣き寝入りの感覚を味わったという。

お金になる家財は滅多にない

「家財」という言葉通り、資産価値があるものは売却できるかもしれない。もしそれが相続の場合だったら、相続税の対象として考えられるケースもある。誰の持ち物かというところは相続税の問題点でもあり、課税対象か非課税かで迷ったら、税理士に相談することをおすすめする。

ただ、１００万円で購入したような高級家具であっても、非課税であることが多いという。ところが、リサイクルショップなどでタダ同然で購入したものであっても、アンティーク家具であるとか、骨董《こっとう》の領域であれば話は変わってくる。高級家具でも使ってしまえば価格は大きく下がるが、骨董家具だと想像以上に高く売却できることもあるということだ。

自身が目利《めき》きで、こうした家具を売却できる業者や好事家《こうずか》を知っていれば、お金にすることができるかもしれない。

だが多くの場合、素人《しろうと》だ。自宅まで出張して買い取ってくれる業者をインターネット経由で見つけることはできるだろう。そこでお願いして見積もってもらっても、業者の言い値で買い取ってもらえればまだいいほうなのが実情だ。めぼしいものだけは引き取ってもらえるが、それ以外は〝ゴミ〟として置いていかれたという体験談は実に多い。このあたりはたいへん悩ましく、悔《くや》しいところではあるが、文句があるなら勉強するしかない。美術品なら美術商、初版本のコレクションなら古書店というように、専門の業者に見積もりを依頼するのが無難だろう。

自動車やバイクには古くても価値のあるものがあり、マニアに人気がある希少モデルは意外なほど高く売れることがある。実家が農家で、コンバインをはじめとする農機具があるなら、新品は高価なものが多く、中古市場も形成されているので売却することもできる。農家を継《つ》がないという状況があるなら、資産として頭の片隅にでも置いておきたいものだ。

だが、多くの家には、宝石、貴金属、高級腕時計といったものは別として、家財としてお金になるものはそうそうなく、逆に業者にお金を出して処分してもらうケースが多いのが現実だ。

家具の処分業者を選ぶコツ

ネット上では、遺品整理を得意とする家具処分の業者がたくさん見つかる。そこでしばしば見られるのが、見積もり専用のページである。「概算でいくら」とはなかなか出ていない。それは荷物の分量や、リサイクルできるもの、捨てるものを分別していくため、あらかじめ「料金はいくらです」とは表示しにくいからだ。

業者によっては完全にブラックボックス化しているといえるし、村沢さんのように、そこそこ名の通った運送会社の関連会社にしても料金の「！」が発生してしまうことがある。ボラれやしないかと心配になるのが当たり前だ。

ある処分業者にたずねたところ、「ホームページなどでパック料金の安さを謳《うた》っているところは注意したほうがいい」という回答だった。トラックや作業員の料金を抑えたとしても、産業廃棄物の処分の費用がかかるので、料金は住んでいる地域によっても異なることを知っておきたい。安さだけ追うと、山奥に不法廃棄してしまうような業者に頼んでしまうことにもなりかねない。また、そんなところから個人情報の流出につながることもありうるのだ。

それでは、どんな業者に頼んだらいいのだろうか。

たとえば東京都なら、「東京都環境局　『「産廃エキスパート」・「産廃プロフェッショナル」認定制度について』」というサイトで、産業廃棄物処理業者に関する情報を開示している(http://www.kankyo.metro.tokyo.jp/resource/industrial_waste/processor/recognition_

system/)。少なくとも、このように「環境基準を満たしている」と認定されている業者を選ぶことが望ましいだろう。

全体を見渡すと規模の大きい会社は少なく、いわゆる大手企業で参入しているのはヤマト運輸くらいだ。同社はパンフに料金を明記しており、見積もりより料金がかさむようなことがあっても、見積もり以上は請求しないそうである。

継続的なサービスを提供する会社は、サービス内容や料金に問題があれば口コミで広がるものだ。しかし、廃棄処理サービスは、多くが1回だけのもの。半《なか》ば詐欺《さぎ》のようなことをする輩《やから》が混じっていても、わかりにくいのだ。これは家の解体業者でもよく聞く話で、気をつけたいところである。

実家を上手に貸すには

自分もきょうだいも、家庭を持って独立している。それぞれ実家に帰りたくても帰れない。実家が田舎にあろうが、都会にあろうが同じ悩みだ。実家を壊《こわ》したくないし、残したいので、なんとか方法はないだろうか？　と思い悩む方も多いことだろう。

実家、つまり親の家ということになると、築30年から40年くらいは経っているだろうから、住宅ローンは残っていないことが多いかもしれない。だが、その間にリフォームやメンテナンスをきちんとしてきたかどうかで、現状のまま貸せるかどうかが違ってくる。

お父さまが突然お亡くなりになり、お母さまが一人で生活するようになったとき、前田《まえだ》和義《かずよし》さん（52歳、仮名）は心配で、お母さまに施設に入ってもらうことにしたという。

「私と妹の2人きょうだいで、それぞれ独立して家を持っています。妹は埼玉に、私は実家からクルマで20分ほどのところに住んでいますが、共働きで母の面倒は十分に見られない。77歳ながら母は元気で、一人暮らしも大丈夫だとは思ったのですが、この先々のことを考え、母と妹と話し合った末、地元の施設に入居してもらい、空いた実家は売らずに貸そうということになりました」

施設への入居費や当面の生活費は、蓄《たくわ》えとお父さまの生命保険金などでまかなうことができた。将来のことを考えれば、実家の売却も選択肢にあった。しかし、前田さんきょうだいのかつて暮らした実家に対する思いもさることながら、お母さまの愛着が強く、「生きている間は手放したくない」という意思を尊重したからだ。また、集合住宅ではなく、一軒家の貸家が増えている印象があり、借り手もすぐに見つかるのではないかと考えた。

さっそく、知人の不動産業者に相談し、貸す準備に取り掛かった。

最寄りの駅は、JRで都心から乗り換えなしで約40分。実家は、その駅から徒歩20分（バス7〜8分、バス停から徒歩3分）ほどで、一戸建ての4DK（約70㎡）だ。近辺の相場が月12万円前後であることがわかり、築47年と古いことから、不動産業者からは「月額10万円にしたら、すぐに借り手が見つかるのではないか」と言われた。

住宅ローンは完済していて、6年ほど前に300万円ほどかけて風呂とトイレ、台所や居間の一部を修繕しているので、「さらにリフォームしてから貸す必要はないのでは。どうしても入居者が現れないようであれば、そのときまた考えましょう」とアドバイスされた。

「実家を貸す」ということで話がまとまった前田家ではあったが、揉《も》めたこともあった。誰が家賃を受け取るかということではない。それは〝誰に貸すか〟ということだった。

家を貸すことを大々的に公言したことはなかったのだが、どこで聞いたか、亡くなったお父さまのいとこの子供という、遠い親戚の家族が借り手に名乗りをあげたのだ。血のつながりは遠いが、お父さまといとことは仲がいいこともあって、年に何回かはお互いの家を訪れる間柄だ。

前田さんと妹さんは、「はとこの家族ならいいのではないか」と思っていたところ、お母さまが強く反対された、という。

その理由は、後日売却を決めたときに、親戚の家族に「出て行ってくれ」とは言いにくいことに加えて、トラブルになったときに後々面倒をひきずりやすいからだという。そのうえで、逆に知っている人たちだからこそ、自分の生活の痕跡《こんせき》を見せたくない気持ちもあるという。お母さまとしては、親戚とトラブルを起こしたくないだけでなく、自分たちの思い出やプライバシーを中途半端《ちゅうとはんぱ》な関係にある人たちに覗《のぞ》き見されるようなことが我慢できなかったのだろう。

前田さんは、親戚に貸すなら、整理して運び出す荷物が減っていいなとも思っていたのだが、お母さまの気持ちを尊重して結局は他人に貸すことにしたそうだ。

築47年の実家は、地元の不動産業者の読み通り、ほどなく小学校に通う2人のお子さんがいる4人家族に、月額10万円で貸すことができた。

ちなみに、荷物の整理・処分について不動産業者に相談したところ、おそらく提携しているであろう業者を紹介された。小さな不要物は段ボール箱に入れる作業はしたが、家具などの大物はほぼお任せでの処分という契約を交わし、およそ50万円支払ったという。

前田さんはネットでもいろいろと調べたが、画面で見積もりをしていく作業が面倒で、実行を先延ばしにしていた。しかし、物件を介して長い付き合いが続く不動産業者なら、紹介した業者が何か問題を起こせば信用にもかかわる。単独で後片付けの業者を探すよりは、広いネットワークをもつ不動産業者に相談したほうがスムーズにいく場合があることも覚えておいて損はないだろう。

壊してアパートを建てる

「貸す」という選択には、「自宅を壊して、新たにアパートを建てる」という方法も含まれる。相続を考えると、アパートにすると建物の評価額が最大80％も下がったり、土地の評価額も借地権割合×借家権（30％）の減額措置があったりするので、これまで「相続税対策の王道」として利用されてきた。

しかし、人口減少傾向の中、建てたはいいが将来の空き室を心配する人もいる。実際のところはどうなのだろうか。マンション投資に詳しいリック住宅センターの代表・山邉《やまべ》浩《ひろし》さんは、東京を例に挙げて話してくれた。

「アパートにしようと考えている物件の場所が、駅から徒歩10分以内、土地は少なくとも30

～40坪あるならば、ワンルームのアパートを建てて15～20％の利回りが期待できます」

山邉さんの試算はこうだ。築30～40年の古い建物で住宅ローンは残っていない。つまり「借金がない」と仮定する。そして、ワンルームの場合は4～6部屋取れるとする。

建築費は、1部屋あたりの予算で300万円（～350万円）で、4部屋として1200万円、6部屋なら1800万円くらいだ。家賃は大雑把《おおざっぱ》に見積もって、都下で月4万円以上、都内で10万円以下だから、平均6万円としよう。もし4部屋なら、月に24万円、年間288万円の家賃収入が期待できる。住宅ローンの金利や空き室のリスクを考慮しても、利回りは15％をはじき出せるというわけだ。

駅から徒歩10分を超えるときはどうだろうか。

山邉さんは、「駐車場付きで広めのワンルームにして、若いカップルをターゲットにするのも一手だ」と言う。利回りは、部屋の数が取れない分12～15％と下がるが、駅から多少離れていてもあきらめることはない。

ただ、ワンルームアパートを建てるとなれば、それなりに大きな資金を動かすわけだから、その場所がワンルームアパート経営にふさわしい場所かどうかを慎重にチェックしておきたい。

「それには、私が業界で初めて使いだした『近隣空き室率』で判断するといいと思います。たとえば、最寄りの駅から半径200メートルずつ同心円を広げていき、これから建てようとするアパートがどの円に入るか確認します。仮に、駅から400〜600メートルの円の中にあったとしましょう。そのエリアでワンルームのマンション、アパートの空き室をカウントしていきます。空き室率が低いに越したことはありません。悪くても10%以内。12〜13%以上あったら、ワンルームアパート経営不適格地と判断していいでしょう」

では、空き室はどのようにして探したらいいのだろうか。

まずは自分の目で確かめる。ワンルームアパートを見つけては空き室を探すのだが、これが案外簡単なのだ。インターホンの赤いポチ（インジケーターランプ）が消えていたら、電気が止まっているから空き室。ガスメーターの配管でコックが閉じてあれば空き室。ドアに水道やガス、電気など引っ越し時に連絡するライフラインの申込書が下がっていれば空き室。こうしたポイントなら、慣れればすぐに見つけられるはずだ。

また、このチェックは「1階だけでいい」という。それは、2階以上の建物は空いたらすぐ入居があるので、人気の低い1階の空き室さえカウントすれば用は済むというのだ。

「実態は歩いてみないと本当にはわかりません。東京で人気の中央線沿線のある駅の周辺で、投資用のワンルームアパート物件が売りに出されたというので調査をしたら、12％の近隣空き室率でした。逆に人気薄と思われている東武東上線沿線のある駅の周辺は５％にすぎませんでした。ワンルームマンションに入居しようという若い人は、街のブランド性より家賃や通勤・通学の実際上の利便性を優先していることがわかります」

ワンルームアパートを建てるにあたり、いわゆる「住みたい街ランキング」に入っているから安心だとか、逆にランキング外だからアパート経営に向かない、などと決めつけないほうがいいという。まずは自分の足で歩き、目で確かめておきたいものだ。

R不動産、R住宅というトレンド

前出の前田さんは、築47年の実家を月10万円で貸すことに成功した。だが、たとえば、リフォーム次第でもっと高く貸すことはできないだろうか。山邉さんは「ケース・バイ・ケースだから、その物件を見ないとわからない」と断ったうえで、こうアドバイスする。

「いまは古民家〝風〟の家が、ひとつのトレンドになっています」

「R不動産」や「R住宅」とよばれる物件で、Rとは「リノベーション（修復）」のことである。通常の中古住宅に対し、古い家の趣《おもむき》を生かしながら、現代のライフスタイルに合わせて修復を施《ほどこ》した住宅などがこう呼ばれるようになってきている。

他人とは違ったライフスタイルを求める高額所得層に好まれ、東京でいえば世田谷や杉並の高級住宅地で、昔からある一軒家をリフォームしたような物件は人気が高い。ただし、あくまで古民家〝風〟である。外観は古びた家でも、室内はいまどきの住みやすい住宅にリフォームしてあるのが特徴で、特にキッチンやバス、トイレなどは最先端の機能を備えている。


自宅が古くて、どうしようもないと勝手に判断したりせず、専門の業者に相談してみるべきだろう。

山邉さんの話では、「R住宅の場合だと、立地条件が同じとして、通常の中古住宅より2割ほど高い家賃が期待できる」という。リフォームの資金についても、家賃で返済していくローンが組めることもあるので、実家を貸そうと思っている人には、選択肢のひとつになるだろう。

すっかり解体して新しい家を建てて貸すよりは資金も少なくて済むし、なにより、親の家のイメージを守りながら実家を残すことができるのがいい。

こうした取り組みを事業として仕掛けたのが「東京R不動産」だ。いまでは専門の業者も増えているので、サイトで業者比較もできる。もし、実家をR住宅にして貸そうと決心したなら、いきなり1社に絞《しぼ》り込むのではなく、何社かに直接相談してみるべきだろう。多様なアドバイスが得られるはずだ。

山邉さんがこんなことを言っていた。

「不動産業者の若手が、『こんな家だったら住んでみたい』と思う家は、高く貸せる」

いろいろな物件を見て目が肥えている人が気に入った物件は、誰でも気に入るものだからだ。あなたのまわりにそんな若者がいたら、一度いっしょに見てもらうと、単なる不動産業者目線ではない、貴重なアドバイスをもらえるかもしれない。

古民家レストランとして活用

「クールジャパン」という言葉は、だいぶ定着したのではないだろうか。

クールジャパン、すなわち日本の魅力を事業化し、海外需要の獲得につなげるために「メディア・コンテンツ」「食・サービス」「ファッション・ライフスタイル」をはじめとするさまざまな分野で投資をしている。日本の伝統文化を海外に紹介するばかりでなく、伝統と最先端の日本の技術を組み合わせた製品の海外進出をはかり、日本を訪れる外国人にはメイド・イン・ジャパンのすばらしさを伝え、日本でお金を落としてもらう。２０２０年東京オリンピック・パラリンピックに向けて、その流れを加速させるため、官民一体のファンド「クールジャパン機構（株式会社海外需要開拓支援機構）」が設立され、日本の魅力ある商品・サービスの海外需要開拓に関連する支援・促進を目指している。

クールジャパンの流れの中、日本酒を輸出して日本の文化を伝えるビジネスを展開する知人に会う機会があった。お酒とともに日本料理を「輸出」する準備をしているという。折しもユネスコの無形文化遺産に「和食」が登録され、勢いに乗っていこうというのだ。

なんとしても成功してもらいたいが、無形のものだけでなく、なんと日本の民家をロシアに移築して、古民家風日本料理店をオープンしたいという。ロシアでは原油価格が下落して経済が混乱しているようだが、なかなかダイナミックな話だ。聞けば、古民家を２００万円で購入予定だという。ロシアへの移築の総費用はまだ見積もりも出ないそうだが、かなりの資本がいることだろう。

「古民家を移築して飲食店にするというのは、１９７０年代にはすでに静かなブームになったことがありました。その流れは大きく衰《おとろ》えることなく続き、いまも定番ではあります。どちらかというと、景気があまりよくないときに波がくるような気がします」

こう話してくれたのは、商空間を手がけるデザイナーや建築士などのプロ御用達雑誌『商店建築』編集部の塩田健一《しおたけんいち》さんだ。

実際、古民家を移築して飲食店にしたいという需要があり、これを得意とする不動産業者もある。また、飲食店を手がける設計事務所の中には、古民家と現代建築との融合を得意とするところがあり、ハイセンスながら温かさをもたらすツールとして古民家、あるいは古民家から出た柱や梁《はり》などの木材が利用される。

実家が古民家とまでいかなくとも、空き家になりそうだ、すでに空き家になっているとき、店舗にする、店舗に使ってもらうという選択肢もある。

都心にも、大通りから路地に入ったところに民家そのものを利用した飲食店、カフェなどが案外あるものだ。これらはあまり手をかけず、開業資金を抑えて、たとえば昭和の雰囲気を醸《かも》しだすことができたりして、年配のお客さんのみならず、若い人も身構えることなく利用できるとあって、飲食店のひとつの方向性を示すものだ。

「私の知っている民家を利用した店舗は、都内有数の繁華街にあり、表通りから一本奥まった路地に面しています。民芸調の古民家ではないのですが、いかにも〝昭和の香り〟が漂《ただよ》うのです。おそらく、70〜80年前に建てられたと思われる普通の民家ですが、これだけで商品価値があるのですね。とくに改装するというのでなく、軒先にベンチ、室内にカウンターを設けただけの簡易なコーヒースタンドです。ああ、場所によってこんな使い方をすることが魅力につながるのか、と感心しました。昼時は外国人客も多くけっこうな賑《にぎ》わいで、落ち着ける空間とおいしいコーヒーがあり、繁盛するはずだと感じました」

『商店建築』編集長の山倉礼士《やまくられいじ》さんはこう語る。

場所と建物のマッチングの妙や、意外性が逆にいいのかもしれない。人が住んでいたぬくもりのある建物がもたらす雰囲気が、受けることもあるだろう。

たとえば東京の谷中《やなか》周辺のように、一帯にレトロ感が漂っているようなエリアは、空き家を改装した店舗や居抜《いぬ》きで飲食店になっているところもたくさんある。街の景観の中に、時代を感じさせる店が点在する。このような場所に実家があるなら、店舗として人に貸すとか、自身で開業するという手もあるだろう。

東京の郊外で、農家の土蔵をイタリアンレストランにして成功した店舗がある。かつては畑や田んぼだったところが宅地化され、取り残されたように農家が点在しているエリアで、農家の建物を生かした施設が人気を集めている。

都市周辺農家の生きのいい野菜や果実を使い、農家を改装した店舗で料理を提供したり、有機無農薬野菜といった特徴ある作物を販売したりしている。個人で経営するケースだけでなく、地域の人たちの共同経営もある。実家が農家なら、このようなビジネスを立ち上げることで実家を守ることも可能かもしれない。

動きだす「空き家ビジネス」

現在、古民家に限らず、全国の観光地で空き家を週末限定の旅館、貸別荘にしているＮＰＯが次々と誕生している。自治体がバックアップする事例もあるが、まだ個人の事業に近いといっていいだろう。

その一方で、今後増える相続問題をにらみ、大手銀行や信託銀行などの金融機関も、空き家を活用するビジネスに動きだしている。さらに、オンライン宿泊サービス「ＴＯＭＡＲＥＲＵ～日常を旅しよう！～」が、賃貸不動産大手のエイブルと提携し、空き家や空き室を宿泊施設としてインターネットに掲載して、持ち主（提供者）と宿泊希望者をつなぐビジネスをはじめている。

宿泊施設の法規制による縛《しば》りはあるが、2020年東京オリンピック・パラリンピック開催に向けて海外から2000万人の観光客を呼び寄せたい政府は、東京、大阪の国家戦略特区における旅館業法の規制緩和《かんわ》に対し前向きの姿勢であるようだ。ネットビジネス大手の楽天も参入を検討しているという。このような流れの中、空き家を利用したビジネスが規模の大小にかかわらず動きだしていることは確かだ。

「古民家をそのまま使ったり、移築したりする方法もありです。私どもも古民家をベースにした店舗を紹介してまいりました。ビジネスの視点に立ったとき、古さの中に新鮮な感覚のデザインが施され、美しさも備わっているところが成功する店舗のポイントではないでしょうか。その多くは古い建物を設計した昔の人に敬いの心をもちながら、現在のセンスと技術で新たな空間を生みだす。いいデザイナーと出会うための運も必要ですね」（前出『商店建築』山倉礼士さん）

時間はかかるかもしれないが、民家を利用して店を出したいという人たちのネットワークを構築し、有能なデザイナーや設計事務所にパイプをつくってからのほうが成功率は高くなる。

また、「いま、いったいどのような店舗が流行しているか」の研究は真剣にやっておきたい。街に出てみることはもちろん、『商店建築』のようなプロ向けの専門誌の購読はマストだ。ひらめきとお客さまのニーズに、立地や建物が合致《がっち》すれば、思わぬ成功がもたらされるかもしれない。流行の商業地のみならず、住宅地や郊外であっても、「そこに行って食べたい」「買いたい」と思わせる何かがあれば、人は集まるのである。

空き家を使った宿泊施設や本格的な飲食店ビジネスというと、個人にとってはなにやら荷が重いような気がするかもしれないが、軽トラや軽のバンを使った移動販売よりも資金をかけずにできるケースもあるようだ。もちろん、自分でする必要もない。「他人に貸す」という方法もある。

ただ現実的には、不動産業者を仲介として借り手を探すのは難しいだろう。こうしたビジネスをしようと思っている人たちとネットやＳＮＳでつながり、実際に会って進めていくのが、一見遠回りに見えて、実は成功の近道かもしれない。

なぜ、不動産業者に相談してはだめなのか。

前出のリック住宅センター代表の山邉浩さんはこう語る。

「お医者さんの免許は、外科だの内科だのという免許ではありません。ですが、内科だとか外科だとか、それぞれ専門をお持ちです。不動産業者も似たところがあって、宅地建物取引士の資格があっても、賃貸アパートに強いとか、中古の投資マンションならお任せ、というように専門があるのです。だから街の不動産業者に、『空き家を店舗にしたいから相談したい』と言ったところで、多くの場合、話にもならないでしょう。もちろん、プロですから『わかりません』とは言わないはずです。何らかの答えは出すでしょうが、それが正しい答えとは限りません」

こうした民家を店舗にするのが得意とされる不動産業者とて、ご自身の実家を誰かに紹介してくれるとは限らない。扱ってくれるかもしれないが、「更地にでもしてはいかがですか」と言われるのがオチ、ということが多いのだ。

実家が地域の交流スペースに！

「更地にしなければ売れませんよ」

両親が亡くなり、数年来空き家になっている店舗兼住宅の実家を売りに出そうか、貸そうかと迷っていた和島敦《わじまあつし》さん（48歳、仮名）が、同じ商店街にある不動産業者に相談すると、こう断言されたという。

　和島さんのご両親は、東京郊外の私鉄沿線の駅から1キロほど離れた小さな商店街で鮮魚店をしていた。ところが店舗近くの都道が拡幅され、人の流れが変わったうえ、大型店が進出してきて客足が激減。15年ほど前に店を閉め、両親はリタイアして、商売に使う器材はすべて処分していた。1階が店舗と住居で、台所、風呂、トイレがあり、2階が住居で、合わせて約60㎡の物件だ。店舗部分は物置として使っていた。商社に勤める和島さんは海外勤務が多く、大学を卒業してから実家に帰ることはほとんどないまま、結婚して都心寄りの賃貸マンションに住んでいる。

「仕事を考えると、マンション暮らしのほうが便利なので実家に戻るつもりはありませんが、きょうだいがいませんので、私がなんとかしなくてはなりません。もう海外赴任《ふにん》はないのではないかと思いますが、何があるかわかりません。日本にいるうちにと、重い腰を上げることにしました」

　まず、面識があるという程度の近所の不動産業者に相談したところ、寂《さび》れる一方の商店街の家や店を借りる人はまずいない、と言われた。自分だってその商店街に店を構えているのに……と内心思ったが、ほかの業者で同じことを言われるのも癪《しゃく》なので、和島さんはしばらく放っておくことにした。

その後たまたま、酒の席で会社の同僚にいきさつを話したところ、同僚の奥さまの友達が作品を展示販売する場所を探していて、「できるだけ安く借りたい。もし使っていないなら貸してもらえないか」と言われた。後日、借りたいという浜田美由紀《はまだみゆき》さん（39歳、仮名）が同僚夫妻と和島さんの自宅を訪ねてきた。浜田さんは、革細工の工房兼展示・販売スペースとして活用し、いずれはそこでワークショップを開きたいという夢を語られた。空き家のままにするより使ってもらったほうがいいかと思い、和島さんは、家財の片付けを手伝ってもらうことを条件に、1階の店舗部分を無料で貸すことにした。

日曜日は実家の片付けの日と決め、和島さんの家族と浜田さんとで不要なものを仕分けし、ゴミとして出せるものを市の有料・無料の回収サービスを利用して、少しずつ処分していった。家具などはとりあえず2階に移動させた。およそ3ヵ月で片付けはほぼ終わり、工房の準備が整った。その間、浜田さんはSNSで作品のほか、片付けの進行状況をアップして彼女の仲間やお客さまに情報を発信したところ、「片付けを手伝いたい」という人まで現れ、気に入った不用品を持ち帰ってくれることもあった。

そうこうしているうちに、お客さまの中から、「お金を出してもいいから、このスペースで展示したい」という声が上がるようになった。ならば、いっそのこと共同運営スペースにしてはどうか、という話になった。最初は渋っていた浜田さんも、みんなでお金を出すからということで、リフォーム代を折半《せっぱん》して、共同店舗という形でオープンすることになった。お金がからむ話なので、浜田さんに代表取締役になってもらって会社を設立。和島さんもわずかだが出資して、株主の一人になった。

その後、1階の住宅部分をオフィス、店舗部分を展示・販売スペースにして、社員それぞれの得意分野でワークショップを開くなど、少しずつ形になろうとしている。売り物でもある手づくりのクッキーをつまみ、淹《い》れたてのコーヒーが飲めるスペースもつくり、地元の「たまり場」としても使ってもらっている。

リフォームのデザインは、店舗が専門というわけではないが、お客さまのご主人で設計に携《たずさ》わっている方がいて、店構えは鮮魚店だったころの面影《おもかげ》を残しながらも、いま風の明るいスペースをつくってくれた。250万円ほどかかったが、かけた金額よりは立派になったとみな満足しているし、店を訪れてくださるお客さまには好評だという。

和島さんは最初は無料で貸していたが、「それでは会社としての発展がないだろう」と、会社から月に5万円の家賃をもらうようになった。手狭《てぜま》になってきたこともあり、2階を片付けてオフィスにする計画も進んでいる。和島さんが大家として、また商社マンとして見ていると、経営ぶりはなんだか危《あぶ》なっかしいところもあるが、実家が有効活用されていることは素直にうれしいと語る。

「不動産業者に言われた通りにしていたら、このような人と人の交流は生まれなかった。正直言って、素人の集団ですから、なかなか利益も上がりませんし、お金に関してもなかなか難しいこともあります。でも、私は口を出さずに、みなさんが生き生きとして活動されているのを楽しみに、そっと見守っていこうと思っています。2階もリフォームされて、みんなが使ってくれる日を楽しみにしています」

実家を売却する

実家を売却すると決まれば、信頼できそうな不動産業者に相談に行くことになる。親が建てた家は、築年数が経っている。「交通の便がいいから、多少古くてもいけるでしょう。いや、更地にして土地を売ったほうが早く買い手がつくと思います」などと、専門家のアドバイスを受けながら、自分の希望額や手数料などについても擦《す》り合わせ、ベストな方法を探っていくことになる。

実家を売却する際、不動産業者から必ず聞かれるのが、「仲介」か「買い取り」かということだ。都会で自宅を売却する場合、大きく分けてこの2つの方法がある。

どちらも不動産業者が取引の相手なのだが、買い主が違うのだ。仲介は売り主のあなたと不動産業者が媒介契約を結び、あなたの実家を買いたい人を探してほしいという依頼を受けて、買い主を探す。買い取りは不動産業者が直接買い主になる。

仲介の場合、立地、間取り、築年数など、相場観に基づき、業者と相談のうえで、価格は売り主になるあなたが決めることができる。一方、買い取りは不動産業者が決める。当然、買い取りのほうは相場の6～8割程度の値段になるが、売却代金はすぐにわかるし、契約、決済が早く、なにより近所に知られずに実家を売却することができるというメリットがある。相続がからんでいるなら、きょうだいが現金で分け合うことも可能だ。

仲介の場合は、相場より高く売れることもある反面、いつ売れるかわからないし、不動産業者と買い主の交渉で、いくらなのかがなかなかわからないし、仲介手数料が必要だ。広告などで近所に売却を知られてしまい、なんだかバツが悪くなることもある。どちらも一長一短があるが、都会なら時間をかけ、価格も折り合うようなら、最終的に売却できる可能性は高い。家を残すか、更地にしたほうが売れるのかは条件次第。投資用マンションにするのか、リフォームしてから売ったほうがいいのか、現状のままでいけるのか、不動産業者と相談していけば解決するだろうという安心感の有無、そこが田舎の物件との違いだ。

更地にする際の意外な落とし穴

「都会の場合、古い建物を壊して、更地にしたほうが売りやすい」

こう言われるのには、どんな理由があるのだろう。ひとつには、家を購入しようとする人が新築建物を好む傾向があるからだ。敷地の広さにもよるが、中古住宅1軒で売るより、更地にして2軒、3軒の家を建てて売ったり、貸したりしたほうが儲かるからということもある。もっとも、後者はデベロッパーの領域の仕事で、個人ではリスクが大きすぎる。

更地にすることを選んだ場合、具体的にはどのように進めていったらいいのだろうか。

実際に更地にしてくれるのは土建業者や解体業者などだ。業者はネットでも検索できるが、はたしてきちんと仕事をしてくれるかどうか心配になる。近所の手前、作業が雑で騒音が出たり、埃などが巻き上がったりして近所から苦情が出ないだろうか、また、料金を不当に高く請求されたりしないだろうか、と。継続するサービスなら、気に入らないときは別の業者に依頼すればいいが、実家の解体作業は1回だけの仕事で、すぐに業者を替えるわけにもいかなそうなところも気になる点だ。

ある地元密着型の不動産業者に聞いたところ、売却を前提に更地にする場合は、不動産業者を通して依頼することが一般的で、大きなトラブルは起きにくいのではないかという。もし、不都合なことが起きれば、解体業者と不動産業者の関係まで終わってしまいかねないので、そこは解体業者もわかっているはずだということだ。仮に不動産業者に紹介してもらっても、事前に必ず現場に来てもらい、見積もりを出してもらうことで、トラブルも防げるはずだ。

解体料は木造住宅一戸建ての場合、坪単価は関東で3万5000〜4万5000円、関西で3万〜4万円が相場といったところか。

狭小住宅だったり、近所との境《さかい》がわずかしかなかったりするなど、作業に手間がかかる物件は高くなるし、見積もり後に地中から瓦礫《がれき》や旧式トイレの浄化槽《じょうかそう》などが出てくれば、料金は別途かかる。また、作業や料金の算定をスムーズに進めるには、依頼主の側から「このあたりにはこういったものが埋《う》まっているかもしれない」と事前に申告しておくといい。

また、実家の建っている土地が借地で、上物《うわもの》の建物だけ親名義だという場合、親が施設に入居したり亡くなったりしたとき、家を処分して土地を返すことになるケースもある。土地を借りるときにどのような契約だったかにもよるが、「更地にして返す」ことが条件になっている場合は、直接解体業者を探さなくてはならないだろう。

この場合、多くは、ネットで業者を探すことになるのではないか。「トータル〇〇万円だけ」というパッケージ料金表示をしている業者であっても、必ず対面で会って見積もりを出してもらうことが大切だ。その際、どういうことが起きたら別途料金が発生するかなど、必ず確認しておきたい。

都会でも、歴史の舞台になったようなエリアでは、作業中止の覚悟が必要なことがある。それは遺跡などの地中埋蔵文化財が出てきたときだ。文化財保護法や条例によって保護措置が義務付けられているので、こればかりはやむをえないところだ。自治体にもよるが、発見後の調査発掘費は自治体持ち、その後の本調査費はその土地の持ち主負担となる。

たとえば東京都の場合、「東京都遺跡地図情報インターネット提供サービス（http://tokyo-iseki.jp/）」があり、あらかじめ遺跡の分布情報が得られる。気になる物件は、事前に役所に問い合わせておくといいだろう。

第４章　田舎の実家をどうする？

「田舎の実家」の管理の大問題

遠からず「田舎の実家」が空き家になる場合、その管理は、離れて暮らす子供ではなかなかできないことだろう。月に1回実家に帰り、空気を入れ替え、掃除をして、庭の雑草を抜いて……というくらいがせいぜいではないか。

もちろん、実家までの距離にもよるだろうし、都会の自宅と田舎の実家を使い分けて「週末田舎暮らし」を楽しむつもりなら続くかもしれない。しかし、実家の維持管理だけが目的になると、気持ちがのらず、やがて盆暮れだけになり、それも多くは3年と続かないそうだ。そして、完全な空き家となり、気がつけば手の施《ほどこ》しようのない姿になる。

たまたま取材で訪れた地方都市で、住宅街をクルマで走らせていたところ、迂回《うかい》を命じられたことがある。どうしたのかと聞けば、「古い空き家が道路側に傾き、いまにも倒壊しそうなので通行止めにしている」と言う。

クルマから降りて、現場を見て驚いた。道路にせり出した家屋の周りに黄色のテープが張り巡らされ、まるで犯罪現場のような物々しさだった。持ち主が都会にいて管理をしていなかったためにこうなったのだろうか、と考えたが、本当のところはわからなかった。しかし、理由はなんであれ、放置したままでいたら、周辺の方々に多大な迷惑をかけることになることを痛感した。

「田舎の空き家（実家）の管理は、都会の空き家の管理とはまったく別物である」という心構えが必要だ。田舎の実家こそ、とにかく訪れて自身の目で確かめる。田舎の空き家こそ、維持管理のアウトソーシングを真剣に考えなくてはならない。


手を入れていない住宅の場合、建物や敷地内だけでなく、周辺に目配《めくば》りすることが求められる。大きくなりすぎた庭木の手入れ、落ち葉や排水路や下水の清掃など、地域の共用部分のケアも必要だ。地域には地域のルールもあるだろうし、住んで地域に貢献《こうけん》しているわけではないので、少なくとも「迷惑をかけないこと」を心がけたい。

まずは、盆暮れにでも帰省したときに、自治会の会長さんとか地区長さんとか、地元のことを知り尽くしたキーパーソンに相談することからはじめたい。親切なご近所の方を紹介してくれたり、そのエリアにある空き家の管理を誰に依頼したらいいか、また、その相場はいくらくらいかなどについて教えてくれるはずだ。

もちろん、謝礼として年間5万円くらいからだとか、大雪が降ったときの屋根の雪おろしや室内の清掃などを1回2万円で頼めるとか、金額はさまざまなものとなる。なかなか具体的には把握《はあく》しにくい、貴重な情報が得られることになる。

結果として業者に依頼することになるとしても、地域の情報収集を怠《おこた》ってはならない。維持管理に必要な費用は、家屋だけではないこともあるからだ。

意外にある！　地域の管理業者

都会の場合、空き家の管理はさまざまな業種が参入しており、選択肢も多いが、田舎の場合は業者が限られる。とくに過疎化《かそか》が進み、人口の半分以上が65歳以上で、冠婚葬祭《かんこんそうさい》など社会的共同生活に支障が出る「限界集落」のようなところでは、頼める相手がどうしても少なくなる。また、近所の親戚や友人にお願いしようにも、高齢化が進み、手伝いたくても手伝えないことも多くなる。

ネットでも検索できるが、問題は、そもそも田舎の実家周辺にそうしたサービスを提供する業者があるかどうかだ。

以前、ＮＨＫ『あさイチ』の「実家のたたみ方」特集で、専門家として出演したときのことだ。

漫画家のコンタロウ先生と私の共著『田舎の家のたたみ方』（メディアファクトリー新書）を読み、当時から問題になっていた実家の維持管理、あるいは処分などの方法を紹介する番組をつくりたいという依頼だった。制作にあたり、担当ディレクターと入念な打ち合わせを繰り返したのだが、もっとも取材先に困ったのが、アウトソーシング可能な業者だった。結局、秋田県の「あきた空き家かんり」（http://www8.plala.or.jp/akiyakanri/）を取り上げることになった。

ＮＨＫの番組放送後、ほかの媒体が地方における空き家の維持管理サービスを紹介するとき、こぞってこちらのお世話になっているようだ。

もちろん、空き家管理をしてくれる業者は全国にある。不動産業者、清掃業者、建設業者などの副業が多く、左官《さかん》業、塗装業、電気工事業の業者などとネットワークをつくり、家の外まわりの清掃や庭木の手入れ以外にも、鍵を預かり、室内の空気の入れ替え、室内清掃、郵便物の転送などもしてくれるほか、業者によっては雨漏りをはじめ家の修理や害虫駆除《くじょ》などまで扱っているところもある。

実家のある地域をカバーしてくれる業者がいない場合は、シルバー事業団や地元密着のＮＰＯが空き家管理をしてくれるケースがある。過疎地なら、業者よりもこうした団体のほうが見つけやすいし、頼みやすいといえる。

いずれの場合も、都会から電話やメール、さらにはサイトからアクセスして依頼することもできなくはないが、必ず一度は会って相談するべきだ。たとえ信頼できる業者であっても、こうしたサービスには「相性」というものがある。会ってみてしっくりこなければ、実家の鍵を預ける気にはならないはずだ。

ちなみに、管理会社の本業が建設業者、宅建業者などなら、国土交通省のサイト「建設業者・宅建業者等企業情報検索システム（http://etsuran.mlit.go.jp/TAKKEN/）」から企業の検索ができる。

ネガティブ情報として、たとえば行政処分を受けた企業が確認できる。また、こうした業者は、都道府県あるいは国土交通省から免許を交付されているものだが、依頼しようとしているその会社には免許番号があるだろうか。建設業（国土交通大臣が許可した大臣許可か、各都道府県知事が許可をした知事許可）や宅建業（国土交通大臣が免許した大臣免許か、各都道府県知事が免許をした知事免許）とみずからうたっているだけならば、その資格はないということがわかる。

その免許番号にも意味がある。たとえば免許番号（5）とあれば5年に1度（平成8年以前は3年ごと）の免許の更新を5回したということになる。同一都道府県のみに事務所を設置する場合は「都道府県知事免許」、2つ以上の都道府県に事務所を設置する場合は「国土交通大臣免許」が必要になる。都道府県知事免許（1）だとするならば、誕生して間もない会社ということになる。ただ、国土交通大臣免許（1）は、知事免許から変更した場合にこうなるので、誕生したての会社とは限らない。こうした本業での実績と、各都道府県の宅建指導課での評判を聞くことは可能だ。

気になる料金だが、基本料金＋オプションやセット料金などがあり、案外複雑だったりする。こうした点でも、実際にひざをつき合わせて話をしたほうがトラブルは起きにくい。月1回の維持管理サービスの相場として、外回りだけで3０００～6０００円、外回り＋室内で5０００～1万3０００円。キャンペーンと称して「お試し価格」を設定しているところもある。

北国は「雪下ろし」を忘れずに

都会で雪が降り、交通がマヒしてパニックになる様子を雪国の人たちは笑う。とくに笑いを誘うのは、竹ぼうきやチリトリで雪を片付けるテレビ映像だそうだ。それっぽっちの雪で何を慌《あわ》てているのか、雪国の苦労が少しでもわかったかというのだ。

実際、豪雪地帯では、道路は自治体の予算で除雪車が入り、家の前の道路は人やクルマが通れるようにしてくれる。しかし、玄関から家の前の道路までが雪に覆《おお》われる。雪かきをして玄関と道路を結ぶ作業がたいへんだ。そして、屋根に積もった雪も難敵だ。屋根から落ちてきた雪に埋《う》まったり、屋根に積もった雪を下ろす作業中に転落したりして命を落とす事故が毎年起きている。

なぜ、雪下ろしが必要なのか。それは、雪下ろしをしないと家が倒壊する危険があるからだ。人が住んでおらず、冷え切った空き家ならなおのことだ。

日本気象協会によれば、屋根雪の平均的な密度は300kg/㎥以上といわれ、建坪20坪(66㎡)の家の場合、屋根に約50センチの雪が積もっただけで、なんと10トンを超すことになる。屋根雪は、見かけの深さが変わらなくとも、その後の降雪と締まりでいつの間にか密度が増え、重量が2〜3割は増えるそうだ。10トンといえば、大型トラックの車両重量だから、1メートルの積雪があれば、2台の大型トラックが屋根の上に乗っているというイメージになる。

新潟県長岡市の旧山古志《やまこし》村や魚沼《うおぬま》市、十日町《とおかまち》市、福島県只見《ただみ》町、長野県飯山《いいやま》市などの豪雪地帯で取材したところ、空き家で雪下ろしをしない場合、ひと冬、もってふた冬で倒壊するという。家が倒壊するときは、人間の悲鳴のような音を立てるそうだ。

道路に面していれば、倒壊によって人命が奪われないとも限らないし、幹線道路沿いなら交通の障害になる。空き家は放っておかれては困るのである。

だから、田舎は田舎でも、豪雪地帯になると維持管理の予算はもっと必要になる。除雪費用が大きいのだ。

１回の屋根の雪下ろしに作業員が３人派遣されてきて、一人２万円で６万円払った、という方がいた。それでひと冬４～５回も雪下ろしをしてもらったこともあるというから雪は厄《やっ》介《かい》だ。土木業者が冬場の仕事として請《う》け負《お》うケースが多く、人手不足もあって高額になるようだ。

最近は屋根を温めて融雪する建物もあるが、大雪が続いた場合、その融雪機能を生かすには、３日間でドラム缶が空になるほどの灯油を使用するという。さらに、家に住んでいる人がいないとこの機能を使うことができず、結局は雪下ろしが必要になる。

実家に帰って暮らすという選択

あと何年、親は元気でいてくれるだろうか。ふるさとに残してきた親が年老いて実家をどうするか考えたとき、親のことが気にならない人はいないだろう。そう思っているうちに親が亡くなってしまい、親に十分な孝行ができなかったこと、実家をどうするかしっかり準備していなかったことに後悔している人も少なくないだろう。

もうひとつの選択肢として「実家に帰って暮らす」というものがある。

親に寄り添い最期を看取《みと》るといっても、いきなり実家に帰って「今日からお父さん、お母さんの面倒をみます」と宣言しても、親は困惑するだけだろう。やはりそこは、日ごろからの親子のコミュニケーションが第一だ。

都会と田舎で離れて暮らしていても、せめて盆暮れには実家に帰り、ふだんから電話をするとか手紙を書くなどしなければならない。最近では、相当お年の方でもパソコンをお使いになるので、メールやSNSで心をつなぐことはできる。自分にはふるさとに帰る意思があることを伝え、準備を重ね、実家に帰って暮らす。

元日本航空の国際線客室乗務員で、プレゼンテーション、コミュニケーション能力を高めるアドバイザーとして企業研修や個人指導を行う「コミュニケーション・デザイン」代表の堀口瑞予《ほりぐちみずよ》さん（日本教育推進財団認定コミュニケーション・トレーナー）は、こうアドバイスする。

「親の希望を最優先に行動すべきです。それにはまず、親の言うことに耳を傾け、とにかく話を聞いてください。年老いた親が何かを言うと、子供はすぐに意見したくなるかもしれません。ですが、そこは抑える。『あっ、この子は私の話をちゃんと聞いてくれる』ということがわかって初めて、信頼関係が深まるのです。たとえ親子でも、あまり会話もなく、長いこと離れて暮らしている場合、心の底から信頼し合う関係になるには、時間とコミュニケーションの技術も必要です」

子供の側が親の最期を看取りたいと考えていても、親のほうが看取られたいと思っていなければ、「いい迷惑」ということもあるかもしれない。しかし、セカンドライフを見直し、親との時間を大切にしたいというのであれば、きっと受け入れてもらえることだろう。

実家が都会にある場合、自宅に子供たちを住まわせ、夫婦で老親のいる実家に戻るという手もある。だが、親に思いを伝える以上に、配偶者とのコミュニケーションも大切だ。配偶者の親も年を重ねているだろうから、本音を言えば夫（妻）の親より、自分の実の親の面倒をみたいと考えているかもしれない。奥さまが、嫁として娘として、義父母と実の親をあちらこちらと動きながら介護をされているケースもある。

思いつきだけで、「実家に戻る」ということは言わず、セカンドライフはどう過ごしていきたいかを、配偶者の話を傾聴したうえで、夫婦で話し合っていくことからはじめたい。

田舎の実家に戻りたいという場合は、なおさらのことだ。

夫婦で田舎暮らしを実現するコツ

『失敗しない田舎暮らし入門』『夫婦いっしょに田舎暮らしを実現する本』（以上、洋泉社）などの著書がある田舎暮らしライターの山本一典《やまもとかずのり》さんは、警告する。

「夫婦で田舎暮らしをする場合、奥さまの同意は必ず必要です。よくあるのが、何の相談もないまま、一方的にご主人が『田舎暮らし宣言』をして、奥さまを都会に残して一人で田舎に移住するパターン。こうしたケースは別居、離婚にもつながりかねません」

夫婦間でよく話し合い、奥さまが納得し、奥さま主導で田舎に戻るほうがスムーズに事が運ぶことが多い。ただの田舎暮らしではなく、いずれは義父母の介護もありうるわけで、大きな覚悟がいる。それだけに入念な準備が必要なのだ。

実際に東京から福島県都路村《みやこじ》（現田村市）に夫婦で移住した山本さんも、移住前に２０0回も取材で訪れて地域との関係を深めていったそうだが、当初、奥さまは猛反対だったという。奥さまは農村出身で、現実の田舎暮らしの厳しさを知っていたからだ。しかし、時間をかけて不安を払拭《ふっしょく》してもらい、奥さまの同意のもと、「ここなら気持ちよく暮らせる」という居場所を得てから「田舎暮らし」を実行に移した。

山本さんは、全国各地を飛び回り、さまざまな移住者を見てきた。夫婦は十人十色《じゅうにんといろ》で、こう言えば奥さまが折れて、喜んで田舎暮らしをはじめるようになるなどという魔法の言葉はない、と断言する。

田舎に帰る、移ることを考えたときは、自分、夫婦、家族を見つめ直すチャンスでもある。解決策はコミュニケーションの中にあるのだ。

奥さまの最大の不安は、都会と田舎とで生活環境が大きく変わることだろう。ご主人は実家に戻れば、疎遠《そえん》になっていたとしても親類や古い友人もいるが、いくらご主人の実家であ

って も、盆暮れに帰省したときの付き合いだけでは、奥さまには地域の関係がきわめて薄い。

「移住をする前に何度か実家を訪れ、地元の人たちと交流して、友達をつくるといいですね。実家が農村ならなおさらのことで、いまでも集落挙げて田植えの準備をしますし、冠婚葬祭をはじめ共同作業も少なくありません」

過疎化が進む農村でもというか、高齢化が加速する農村だからこそというか、排他的なムラのイメージは薄れ、新しい人は歓迎されることが多い、と山本さんは言う。地元の地区長さんや地元のリーダー格の人に相談しながら人脈を広げていくことで、移住の不安は少しずつ解消される。奥さまが積極的に移住を決意してくれた段階で、夫婦そろっての実家暮らしは大きく進みだすはずだ。

「妻は、東京にいたときよりも生き生きしているように見えます。ですが、ここに至るまでは紆余曲折《うよきょくせつ》がありました。原発事故での避難生活も体験しました。私たちは現役世代ですが、豊かな老後生活とは、と考えたとき、ものがあふれた生活を送ることではないことだけは知っています。

小さな畑を耕《たがや》し、作物の収穫から季節を感じたり、集落の人たちと酒を酌《く》み交《か》わしたり。

ご主人が田舎の実家に夫婦いっしょに戻りたいというのであれば、ゆっくり時間をかけて奥さまと話し合うことです。その結果、田舎に戻ることがなくても、夫婦としては無駄な時間にはならなかったということになるでしょう」

また、コミュニケーションといえば、きょうだい間も忘れてはならない。いずれ、嫌でも相続が発生することになる。資産分割のことを考えたとき、「兄さんだけが独《ひと》り占めするつもりか」などと誤解されたくはない。なぜ実家に帰るのか、きょうだいに胸のうちを伝え、第1章で紹介した通り、併せてどのような分割をするのかよく話し合っておきたい。

田舎での収入源をどうする？

ところで、実家に戻ることが決まったとして、生活はどうするのか、大きな問題が横たわる。蓄《たくわ》えと年金だけで暮らすのか。実家に戻れば、都会であろうが田舎であろうが、一応、家賃の心配はない。都会に持ち家があるなら家を売却したり貸したりして、その資金を老後の暮らしに充《あ》てるという手もあろう。現役世代であるなら、転職や起業も考えられる。
地域で起業を応援してくれるところもある。その一例として、丹波篠山《たんばささやま》が知られている。

丹波篠山は、休日ともなると近畿圏を中心に多くの観光客が訪れる。その目玉のひとつに、空き家を利用した飲食店やショップがある。もともと過疎が進む中、増えていく空き家を、安い家賃でこれからビジネスをはじめたいという若者に貸して、「街」をつくりあげ集客に成功しているのだ。「丹波篠山古民家再生プロジェクト　NPO法人町なみ屋なみ研究所『NPO町屋研』」(http://machiyaken.blog13.fc2.com/)を参照してほしい。

こうした動きは全国にもあるが、成功事例で共通しているのは強力なリーダーの存在だ。ときに役所の公務員が、NPOの代表が中心となり、グループを形成して運動をコツコツと長期にわたって持続させている。道は険《けわ》しいが、あなたが中心になって活動することから、大きなムーブメントを起こせるかもしれない。

里山リーダーになった雑誌編集長

田舎の実家をたたむ方法は、売ったり貸したりするばかりではない。自身が家業を継《つ》いだり、地元企業に就職して実家で暮らしたりする方法も、「たたみ方」のひとつであることは言うまでもない。

ただ、地方の企業に再就職するのは、年齢の問題もあり、高いハードルがあったり、時間が必要になったりすることが多いだろう。そうした就職難の中、注目されているのが、農業や林業といった一次産業に就《つ》くという選択肢だ。

まったく経験がないまま、雑誌の編集長から農業に就いた人がいる。林《はやし》やすなりさん（46歳、独身）だ。

刺激にあふれ、締め切りが迫《せま》れば、何日も徹夜が続くような生活を20年以上続けていた林さんは、「これこそ天職」と感じ、充実した毎日を過ごしていた。しかし、心のどこかで、こんな生活を続けていていいのだろうかと自問自答もしていた、という。そんなある日、お父さまが事故でお亡くなりになった。急遽《きゅうきょ》、神奈川県小田原《おだわら》市の実家に戻った。慌《あわ》ただしく葬儀の準備をして、喪主として出棺《しゅっかん》というときに参列者に挨拶《あいさつ》をした。その最後に、「みなさまお忙しい中ありがとうございます。父の跡《あと》は、この私が継がせていただきます」と宣言してしまったのだ。

お母さまをはじめ、みな一様に驚いた。一番驚いたのは、こんなことを言ってしまった本人であった。

「あまりに急に父が亡くなり、逆に気分がハイになっていたのかもしれません」

しかし、一度口にしたことを撤回《てっかい》するわけにもいかず、会社に戻り、退職願を提出した。

会社も慌てた。人気雑誌の編集長を務める林さんが突然辞めると言いだしたからだ。すでに何号分か進行しているので、「それが終わるまで」という条件を提示され、円満に退職し、2010年、借りていたマンションを出て小田原に戻った。41歳のときのことだった。

実家は小田原の里山にあって、畑や田んぼはあるが、小さな耕地があちこちに点在している。けっして効率がいいわけではないが、野菜、米、果実などをつくっている。

雑誌づくりのプロでも、農業は初心者だ。お母さまについてイロハを学び、小田原市役所の経済部農政課や農協などにも足を運び、また、農家の仲間に協力を仰《あお》ぎ、学んでいく。

「高校まで地元にいましたから、近隣の方々も知っていましたが、年配の方に道で会っても挨拶してくれない。向こうにそんなつもりはなくても、自分が卑屈《ひくつ》になっていて、おまえなんか認めてやらない、と思われているという感じはありました」

林さんが子供のころに現役だった農家のおじさんたちは、おじいさんになり引退して、里山の点在する畑を結ぶ道を散歩している。だったら気持ちよく散歩してもらおうと思い、若手の仲間とともにあぜ道に花を植える運動を起こした。また、休日に東京の仕事仲間、飲み仲間を自宅に招き、グリーンツーリズムを兼ねて収穫を手伝ってもらった。

また、集落の活性化を目的に、しばらく行われていなかった村祭りも復活させ、大いに盛り上がった。「あいつはヘンだが、集落のために何かやってくれるヤツだ」と認められるようになると、今度は地元のご年配の方々はもちろん、市の農政課からも声がかかるようになる。耕作主が高齢化して放棄した畑の維持や、収穫まで手が回らない農家の手助けの仕事もするようになった。

「母がいなかったら農業はできなかったと思います。というのも農作物の販路をつくってくれたおかげなんです。収穫した作物はお得意さまに直送しています。一つひとつの収穫量が少ない分、逆に顧客管理できるんです」

春にはお花見を兼ねて和菓子やアンパンに使われる桜の花びらを摘み取り、冬にはみかんの収穫など、里山の季節感が満喫できる収穫ツアーを行っている。ツアーには、仲間のほか県内や都内からお得意さんが集まり、収穫の合間に畑でお弁当をいただく。楽しい時間を顧客と共有しながら、直接要望を聞き、作物や次の収穫ツアーに生かすことも忘れない。

そしていま、近所の大きな空き家の共同管理をめざして動いている。

「私たちの里山でも立派な建物なんですが、空き家がありまして、そこを活用して農作物をストックしたり、直売所にしたり、仲間の打ち合わせ場所というか、たまり場にしたいと思っているんです。管理している方はその家の親戚なのですが、相続が済んでいないので、自分だけでは判断できないというのです。そこで市の農政課にも相談して、なんとか実現させたいと思っています」

自らが地域に溶け込み、リーダーを買って出る行動力が、集落を変えていくようだ。「集落に対していちばん貢献《こうけん》したのはどんなところ？」と訊《たず》ねると、出版社時代に知り合った一風変わった人たちが来てくれるようになったこと。多くの友人が来てくれることで、収穫ツアーや村祭りはさらににぎやかになったそうだ。

林さんのブログ「LET'S 百姓一揆！」(http://ameblo.jp/1019start/) は必見だ。

一次産業を学ぶ、挑戦する

林さんのように、農業や林業といった一次産業に従事したいと思っても、夢と現実とは大きな隔《へだ》たりがある。それでも、というのであれば、農業法人に就職してサラリーマンとして農業をはじめる方法があるだろう。また、実家が農家なら、それを継ぐということで一歩を踏み出すことができる。

だが、その前に、農業の基礎を学んでおいたほうがよいだろう。

農林水産省に、本気で農業を目指すなら、どこで学ぶといいでしょうか、と訊ねてみた。

すると、日本農業経営大学校の名前があがった。

東京・品川駅近くにある2年課程の全寮制の学校で、農家の出身であるかどうかを問わず、日本農業の未来を切《き》り拓《ひら》くべく、農業経営に取り組もうとする志《こころざし》の高い人を求めている。農家出身者であれば、たとえば親の農業を引き継ぐだけではなく、親の経営資源や地域資源を活用し、新たな経営作目の導入や新たな地域農業の仕組みづくりを構築しようとする人。農家出身でなくても、たとえば地域農業の担《にな》い手がいなくて困っている地域に定住し、農地利用の集積集約化を行う農地中間管理機構（農地集積バンク）などを活用して農業に取り組み、地域農業を支えていこうとする人などだ。

同校では、社会人経験者や現場で農業を学んできた人も受け入れている。学費は、条件さえ満たせばほとんど助成され、卒業後は、農業法人への就職も推薦してくれるという(http://jaiam.afj.or.jp/outline/)。

また、東京、大阪、札幌などで開催される株式会社リクルートジョブズ主催（農林水産省補助事業）の「新・農業人フェア」(http://shin-nougyoujin.hatalike.jp/index.html)では、農業法人や就農相談窓口のブースが設置され、農業に興味がある人、具体的に農業に就《つ》きたいがどうしたらいいかわからないというような人向けのガイダンスが受けられる。

実は、就農のための講座や案内は、農林水産省だけでなく、各自治体でも公社を設けるなどして積極的に行っている。しかも、就農支援の補助金制度も充実しており、本気で挑戦するなら、さまざまなバックアップ態勢があってサポートしてもらえる。田舎暮らしの準備期間に、相談してみるのも一手だ。主な支援の内容は、農林水産省のホームページからＰＤＦをダウンロードして確認できる（「農業経営支援策活用ガイド」http://www.maff.go.jp/j/kobetu_ninaite/n_pamph/h25_guide_top.html）。

林業でも、「きこり」を支援する制度があって、手厚い補助制度もある。木材加工の会社やＮＰＯもないわけではない。ただ、山に入り木を切り出す仕事は、若いうちならできても、定年後に田舎の実家に戻るための仕事としてはハードすぎるかもしれない。

人の力を生かした田舎転職

現実問題として、安定した仕事がなければ、実家に戻るのは厳しい。キャリアカウンセリングの第一人者で東洋大学の小島貴子《こじまたかこ》さんは、「一次産業への就職も『夢』としては悪くはないが、いままでのキャリアを生かして再就職するのが現実的ではないか」とアドバイスする。

小島さんは、東洋大学理工学部生体医工学科准教授で、同大学グローバル・キャリア教育センター副センター長であるとともに、テレビ、新聞、雑誌等で活躍されているから、ご存じの方も多いだろう。著書も多く、多数の企業で採用・人材育成コンサルタントやプログラム作成などの講師を務める。また、働きながら地域・趣味・ボランティアのセカンドライフを充実させ、豊かな人生を送る方法を行政・企業・地域・教育との協働で提案し、中高年のセカンドキャリア支援も得意としている。

そんな小島さんは「中高年の転職は、若い人と同じような就職活動ではなかなか難しい」と言う。これにはいまや主流となっている、インターネットで仕事を探す難しさもある。ハローワークの求人はネット検索することができるが、在職中と同じ職種の仕事を選びがちだ。だが、自分が在職していた仕事は求人数が必ずしも多いとは限らない。こだわっているとつまずく可能性がある。

小島さんは、ふるさとでの中高年の転職は「場所にこだわるなら、仕事の内容にこだわるな。仕事の内容にこだわるなら条件にこだわるな。ふるさとに帰るのだから、仕事の内容にこだわってはならない」と断言する。そして、「中高年は、ネットの力より人の力を生かそう」とアドバイスする。まず、在職中に交換した名刺、年賀状、暑中見舞いなど、自分が30代くらいからの分を取り出し、整理する。

「若いころから知っているその人たちに、いま会社をやめて求職中である、どうか紹介してください、といった近況報告とお願いも添えましょう」

自分たちが若いころの知人友人が在籍企業の中核にいるとか、幅広い人脈を持っていて、あなたに仕事をもたらしてくれるということがあるかもしれない。

実際に、発想を百八十度変えて、ふるさとへのUターン転職を果たした人がいたという。

「その方は東京で働いていたのですが、家の事情で大阪に戻らなければならなくなりました。その人がやったのはなんと〝逆求人〟。ホームページを立ち上げ、個人情報を載せ、このような事情で大阪に戻ることになった。希望の仕事や条件をアップしたので、興味がある企業は乞う連絡を！　とPRしたのです。若い世代には、このような逆求人をする人もいますが、中高年ではたいへん珍しいことです。その結果、3件の〝応募〟があり、再就職を果たしました」

地方でも都市部なら、こんな方法も参考になるかもしれない。

また、「発想を変える」のは、働き方そのものも含まれるという。たとえば、なぜ男性だから外に出て働かなくてはならないのか。

「夫婦のうち、コミュニケーション能力の高いほうが外に出て働く。それが奥さまなら、奥さまが主たる働き手となる。そのほうが、現役人生80年の時代を豊かに過ごせるかもしれませんよ」

前出の山本一典さんも指摘していたが、実家に戻って暮らすには、やはり夫婦間のコミュニケーションに尽きる。さもなければ、ここまで行き着かないだろう。

厄介な「田舎の実家の片付け」

田舎の実家は、貸すにしても売るにしても、はたまた自分が実家に戻ることにするにしても、近くに住む親の家をたたむこと以上に厄介だ。

とりわけ、荷物の片付けが大問題となる。

忙しく働き、1週間の疲れがたまった週末に、電車を乗り継いだり、クルマを運転して行楽地へ向かう高速道路の渋滞を抜けたりしながら、ようやく実家にたどり着いたと思ったら、待っているのはどこから手をつけていいのかわからない荷物の山。田舎の実家の荷物の片付けを経験した人は、「(荷物を) 見るだけで疲れる」と一様に愚痴《ぐち》をこぼす。

親の世代は、モノがない中で育っているから、モノを大切にして、できるだけ長く使ってきている。モノを捨てるのが苦手というより、そもそも飽きたから捨てるとか、もう使わないから捨てるといった発想がない。その一方で、残された子供たちは、そうして蓄積し、残された品々を、どう捨ててどこに保管したらいいか大いに悩むことになる。

親が亡くなった場合、お金になるものすべてが相続に関係してくる。ものすごく貴重なモノもあれば、ゴミ同然のモノもある。他人が見ればゴミ同然でも、故人が大切にしてきたモノであれば、子供としては簡単に処分できなくなることもある。

長く同居していた親子なら、〝大切なモノ〟であったとしても、「これは捨てる、これは取っておく」と、プライオリティをつけて順位付けできる。だが、若いうちに都会に出て離れ離れに暮らしていると、いざというとき、どうしても取捨選択に迷うことになる。

だからこそ、本来なら親がまだ元気なうちに、「将来はどうしたいのか」について聞いておくのがベストなのだ。繰り返してきたように、親の家そのものを含めて、万一のときどうするのか、日ごろから親子でコミュニケーションをとっておくに越したことはない。だが、それもかなわないのなら、せめてきょうだい間で、親が亡くなった後に実家を売却するのか、貸すのか、空き家になって近隣に迷惑をかけることがないように更地にするのか、それとも、きょうだいの誰かが実家に戻って田舎で生活するのか、最低限これくらいは決めておくべきだ。そもそも、〝今後〟が決まらなくては、片付けようもないのだから。

別居していた場合、多くの人が共通して驚くのがそのモノの量である。親が建てた一代限りの家であっても、30年も経てばすごい量になる。まして、代を重ねた旧家ともなれば、多くなって当たり前なのだ。

食器ひとつとってもわかるだろう。普段は使わないが、来客用の食器もあるだろう。食器集めが趣味の方なら、食器棚に入りきらないくらいの量があるはずだ。親としては、「子供たちが使った思い出の食器が捨てられない」などということもあるだろう。

モノにはモノの背景と歴史がある。だから、「なんでこんなにも集めた、捨てなかった」のかとは思いたくない。しかし、現実には親を恨《うら》み、どうしたものかと頭を抱え込んでしまう人は多い。コツといえる妙案はないが、親と離れて暮らしてきたならば、せめて「親の思いを顧《かえり》みるいい機会」として捉《とら》えたほうが、前向きに処分に取り掛かれるものだ。

もう、すべていらない、全部処分するという方法を選ぶなら、遺品整理業者、産業廃棄物業者に依頼するのがてっとり早い。業者が一切合財《いっさいがっさい》を処分するケースから、売れるものは現金にしてから依頼主に返すケースまで、そのサービスは幅広く、料金も同様にケース・バイ・ケースだ。これは問い合わせるなり、業者のサイト内にある見積もり計算をするなどして、高いか安いかを判断するしかない。ただし、誰もが利用するサービスというわけではないので、評判がわかりにくいのは少々厄介なところではある。

ところで、相続税が気になるような人の場合、税金を逃れるためか、家具などに現金や貴重品を隠しておくことがある。遺族がそれに気がつかず、遺品を処分したあとで、ごみ処理施設などで発見されることがまれにある。そのままゴミとして処理されるか、気づいた業者の懐《ふところ》に入るか、返却されるか……。〝正直な業者〟にめぐり合う運も必要だが、そもそも家族間のコミュニケーションがしっかりあれば、こんな故人の〝秘密〟も生前に教えてもらえたかもしれない。

ドライに産業廃棄物として捨てるのはもったいない、もし売れるものがあるなら売って処分したい、と思う人もいるだろう。だがその前に、順を追って進めていかないと、遺族間のトラブルも起きかねない。「明らかに不用品だろう」と判断しても、相続に絡《から》むような場合は、たとえば「自分は長男だから」などという理由で勝手に判断しないで、必ず相続人であるきょうだい間で親の荷物を整理するようにするのがいいだろう。

片付けは「計画書」でうまくいく

８年前に父親が亡くなり、さきごろ母親を亡くした大山正道《おおやままさみち》さん（55歳、仮名）は、お母さまの四十九日の法要後に、友人の税理士のアドバイス通り、いずれも結婚をしている弟と妹で、群馬県藤岡市の実家で遺産の話し合いをすることになった。母はあれもこれも取っておくような人ではなかったが、いざ実家で遺品の整理をしようと思ったものの、あまりの多さにどこから手をつけていいのかわからなかった、という。でも、のんびりしているわけにはいかない。

実家は売却することで話がまとまり、売れた時点で代金をきょうだいで分けようということになった。しかし、その前に家財道具などを処分しなくてはならない。思い出はあるが売りに出しても価値はなさそうだから、欲しい品があったらそれぞれが持って帰ることになった。

そのとき大山さんが思ったのは、「案外捨てられない」ということだった。きょうだいが取り合うようにして欲しがるものはなかったが、それらを各自が持ち帰ったとき、はたして自宅に置けるかどうかわからない。弟は、「コンテナに荷物を預かってもらえるトランクルームのサービスを利用する」とまで言いだしたそうだ。久しぶりに実家に戻り、みんな冷静さを欠いていると考えた大山さんは、一度頭を冷やして仕切り直すことにした。

相談した税理士が相続関係に強いこともあり、遺品を処理した顧客のさまざまな事例を話してくれた。その話に納得できるものを感じた大山さんたちきょうだいは、税理士のアドバイスに従うことにした。そこで言われたのが、「まず、処理をするための計画書を作れ」ということだった。

具体的には要るものと要らないものの選別、業者の選別、予算決定、処理日決定などのことだが、相続の手続きも進めつつ、カレンダーとにらめっこしながら、みなでわかるように紙に書き落としていった。併せて、「処理までに多少の時間とお金をかけてでも積極的に進めたほうが、結局はトラブルが起きにくく、安く済む」という話だった。

結果的には、まさにその税理士の言う通りだった。

まずひと呼吸置き、計画を立てることで、きょうだいからもいろいろなアイデアが出てきた。妹は、「着物をはじめとする古着の処分は、知っているところがあるから任せて」、弟は、「父の蔵書や骨董品《こっとう》に価値があるかどうかは別として、ともかく調べてもらってはどうか」と各々提案し、動いてくれたのだ。

そのうえで、まずはお金になるかもしれない不用なものからピックアップした。実家の近くの本家に住む伯父が父親と同じ趣味で、伯父を介して遠い親戚筋の骨董品店が鑑定してくれることになった。そのほか本家の人脈で、地元の土建業者が仕事を依頼しているしっかりした産業廃棄物処理業者を紹介してもらうことができた。

普段は東京で暮らすきょうだいだが、いつのころからか盆暮れにもふるさとに帰らなくなり、東京でもめったに顔を合わすことがなくなっていた。そんな中、母の突然の死によって、きょうだいがふるさとに集められた。大山さんは、「きょうだい仲良く暮らしてほしい」という母のメッセージが送られてきたような気がした、という。

実際、考えてみれば、大山さんきょうだいがこのように話し合ったりするのは初めての経験だった。結果的に、世間で言うような相続争いが起きたりしなかったのは、預貯金も多くはなく、田舎の一坪８万円が相場という土地80坪と築40年の家しかなかったからだけではない。このように、きょうだい間のコミュニケーションがきちんととれたという喜びがあったからだという。

最終的に、お母さまの遺品でそれぞれが持ち帰ったものは形見程度。そのほかの遺品は、業者に処分してもらった。売ったモノもたいした金額にならなかったが、相殺して50万円ほどですっかり処分することができた。家は、荷物がなくなった空き家のまま売りに出している。買い手はまだ見つかっていないが、母親の葬儀を手伝ってくれた親戚の一人が、家も含めて購入を考えはじめてくれているそうだ。

リアル〝お宝鑑定〟をやってみる

さて、大山さんの場合は、親戚筋の骨董品店に品々を持ち込んで鑑定してもらった。しかし、中には出張して、〝お宝鑑定〟をしてくれる骨董品店（古物商）もある。蔵《くら》がある古民家を解体するようなときに、話を聞きつけて営業をかけてくるケースもあるという。実家が古民家で、しかも代々骨董品の蒐集《しゅうしゅう》が趣味で、その価値はわからないが古いモノがたくさんあるなどという場合、相談してみる価値はある。

ただ、私たち一般人は目利きではないので、たとえ骨董品の中にお宝が混ざっていたとしても、プロに「価値がない」と言われてしまえば、「はい、そうですか」と受け入れるほかない。結局、〝ひと山いくら〟というグロスで評価されることが多いらしい。

もし、その価値がわかるなら、あらかじめそうした品物をピックアップしておいて、評判のいい店で売ったほうがお金になることは言うまでもない。

書籍を集めるのが趣味で、蔵書がたくさんあるという場合なら、古書店に頼むのがいい。ただ、買い取りでテレビコマーシャルを盛んにうつような有名チェーン店の場合、新しく、きれいなものを評価し、その本の価値・専門性・希少性などを考慮することはあまりなく、たんなるモノとして扱われるので注意したほうがいいだろう。東京・神田の古書店の中には、出張引き取りを積極的に行っているところもある。古書として価値のある本の初版本、希覯《きこう》本などがあれば、思いのほか高値で買い取ってもらえることもある。

いずれにしても、相当整理しなければモノを売る段階にすらならない。そして、多くの人が実家にあふれる荷物の量に圧倒される。しかし、それは同時に、親が残してくれた「家財」という財産でもある。まちがっても、「こんなにためて……」と恨むことだけはやめておきたい。

「自分の心の整理から、家の片付けは始まる」

ある整理整頓の達人は、家の片付けの心構えとして、こうアドバイスしてくれた。

田舎の実家を貸す

田舎の場合、実家を貸したいと思っても、都会とは比較にならないくらいに難しいことが多い。

一軒家に限らず、「家を借りたい」と思うとき、借り手の側は「新しくてきれいな建物で、街の中心から近く交通の便がよくて、家賃にお得感があるところ」——こんなことを考えるはずだ。

しかしながら、県庁があるような地方の中心的な都市や第2、第3の規模を持つ周辺都市でも、シャッター通りや空き家が増えている。そのような場所でも、新築物件が供給されているので、古い住宅をそのまま貸し家として出したところで、すぐに借り手が見つかるとは限らない。

また、地方都市ほどショッピングセンターがバイパス沿いにできる傾向にある。通勤通学で鉄道を利用する従来の生活スタイルが、いっそうクルマに依存するものへと変わってきている。そんな生活習慣の変化も、駅周辺の空洞化を加速させている。鉄道の利用客の減少は列車本数の減少につながり、ますます使いにくくなるので、かつての鉄道交通の要衝《ようしょう》ですら、駅前の商店街はがらんとしていることも珍しくないのだ。

したがって、田舎においては駅に近いことが必ずしも便利だというわけではなく、それだけでは好条件とはいえない。まして、築年数が経った物件は苦戦を強《し》いられることになる。

それでも、Ｕターンする予定も売却する予定もないが、親が残してくれた実家を有効に活用する方法として、とりあえず「貸して時間を稼ぐ」ということはまず考えるべきだろう。

「田舎の都会」ともいえる、県庁があるような都市やＪＲの特急が停まるようなそれなりの規模を持つ都市ならば、まだ都会の生活ぶりに近い。地元の不動産業者に相談するのがいいだろう。供給過剰気味ではあっても、借り手と貸し手の関係が成り立つ市場があるので、「家賃設定を低くしたほうがいい」とか、「場合によってはリフォームも考えたほうがいい」などといったアドバイスをしてもらえる可能性がある。

リフォームをすすめられた場合には、投資額とリターンをきちんとシミュレーションして、あまりに長期で回収するような計画は避けるべきだ。なにしろ東京、名古屋、大阪の三大都市圏だけで日本の人口の６割に迫《せま》ろうかという大都市集中化、少子高齢化が想像以上の速さで進んでいて、人口減少傾向は明らかだからだ。まして、一戸建ての実家を建て直して賃貸を考えたり、取り壊してアパート経営を考えたりする場合は、十分な市場調査をおすすめする。

また、リフォーム資金のローン、一戸建てやアパート新築のローンも、家を継ぐ人が高齢だと審査が厳しくなる。計画通りにことが運ぶとは限らない点も頭に入れておきたい。

「空き家バンク」を利用する

〝田舎の都会〟ですら、実家を賃貸するにはハードルが高め。さらに、これが過疎地域の「田舎」の実家となると、そうとう難しいものとなる。

なぜなら、「住みたい」人より「貸したい人」のほうが多く、どうしても家賃が安くなるからだ。田舎の家賃は月に2万円とか、小さな畑も込みで一年で20万円とか、とにかく安いのだ。不動産業者の収入は仲介料で、貸し手と借り手からそれぞれ1％などと決まっている。仮に仲介しても家賃が安いので、商売にならない。

こうしたときに頼りになるのが、全国の市町村が運営する「空き家バンク」だ。増え続ける空き家を活用して賃貸や売買物件として紹介し、新しい住民を呼び込み、過疎化に歯止めをかけるのが目的で、この10年くらいの間に全国に広がった。

そもそも空き家バンクは、長野県、広島県、大分県などの自治体で、1980年代にその原型が誕生している。山間部を中心に急速に過疎化が進み、空き家が増える一方だったが、こうした山間部の集落では不動産業者がいないため、賃貸や売買の仲介をしてもらうことができなかった。つまり、物件の流通がないので、処分することができないのだ。そこで生まれたのが「空き家バンク」だ。

初期においては、私有財産を市町村が仲介するにあたり、信用の問題があったり、お金のやりとりなどをシステム化できなかったりして、なかなかうまくいかなかった。その後、試行錯誤《しこうさくご》を繰り返し、貸したい人、売りに出したい人、借りたい人、購入したい人に「空き家バンク」に登録してもらって身元をはっきりさせ、交渉は当事者間でしてもらうようになっていった。「空き家バンク」によっては、お金のやりとりが発生する契約に際して、地元の不動産業者を紹介してスムーズに行えるようにしているものもある。

「空き家バンク」に登録すると、インターネットによって建物の履歴や概要、権利関係、希望価格が公開される。この「空き家バンク」を各市町村などのサイトにアクセスして数えてみたところ、全国の約1700市町村のうちの3分の1強にあたる約500ヵ所だった（業者に丸投げしているサイトは除く）。もし、あなたの実家のある市町村に「空き家バンク」

の仕組みがあったら、ここに登録して借り手を待つ方法がある。

過疎地においては「空き家バンク」が唯一の流通の方法ということもあるのだが、運営が市町村であるため、役所の担当者の意欲いかんで運営の勢いが左右される傾向がある。また、放置された空き家対策からスタートしているためか、あまり積極的に展開しておらず、開店休業状態のところも。

しかし、諦《あきら》めるのではなく、何度も担当者に相談していく粘《ねば》り強さは重要だ。「空き家バンク」が設置されていない市町村の役所でも、空き家対策をしている部門はあるので、問い合わせて相談をすることで、何らかの解決策が見つかることもある。実家に行く機会があるときは、嫌がられるくらい顔を出すことをおすすめする。


移住・交流推進機構の「ＪＯＩＮ　ニッポン移住・交流ナビ」(http://www.iju-join.jp/)では、北海道25、東北22、関東14、中部54、近畿31、中国57、四国18、九州35の２５６の積極的な「空き家バンク」の情報を見ることができるし、「本気に田舎暮らし‼」(http://www.mjna50.net/)というサイトでも、都道府県別の「空き家バンク」の詳細な情報がキャッチできる。だが、まずは実家のある市町村に「空き家バンク」があるかどうかを確かめてみよう。

なお、本書の巻末に空き家バンクの一覧表（不動産業者に完全委託しているところは除く）を載せてあるので、そちらも参考にしていただきたい。

田舎に家を求める人は2タイプ

「空き家バンク」を見て家を借りようとする「お客さま」の多くは、田舎暮らし志向の移住希望者か、その土地に住んでいて、同じ生活エリア内でより仕事や買い物の便のいいところを探している人の2パターンに分かれるという。

田舎暮らし志向の人は、古民家をはじめとする趣《おもむき》のある家に暮らし、畑をやってみたいという希望を持っていることが多いので、農地付きの家を望む傾向がある。一方、田舎内での移住を希望する人は、ある程度の利便性がキーポイントになる。あなたが貸したいと考える実家は、はたしてどのような家だろうか。「空き家バンク」の公開情報で、需要を喚起《かんき》するアピールポイントを整理しておけば、それだけ問い合わせが多くなるかもしれない。

地方移住を目指している人たちは、最初から家屋敷を売り、預貯金をはたいてまで移住しようとはしない。まずは借りて「お試し」してみるものだ。

二地域居住といって、都会と田舎を行き来しながらその土地の魅力に触れ、気に入れば移住する。それは実は、国としてすすめていることでもある。

「都会」の人は移住に際しても、わざわざ家屋敷を買うのではなく、まずは借りたいという人が少なくない。一方、「田舎」の人は売りたい。このあたりのミスマッチを解消する意味でも、家をちゃんと貸す人が増えれば、地域も活性化する可能性がある。あなたが実家を貸し出すことは、地域貢献《こうけん》にもつながるのである。

田舎の実家を売る

田舎の実家を売却する場合、なかなか買い手が決まらず、貸すこと以上に苦労している人は多い。

「田舎の都会」や開けた市街地なら、まずは地元の不動産業者に相談することからはじまるだろう。ただ、築年数の古い家となれば、何度か触れてきたように、「建物の価値はない」と判断され、更地にするようにすすめられることが多い。たしかに、不動産業者としては更地にしたほうが売りやすいかもしれないが、固定資産税が6倍にも跳《は》ね上がってしまう（土地200㎡以上は3倍）ので、すぐに売れればいいが更地のまま長期間放置しておくと、税金面で損をしてしまう。

また、不動産業者が更地にしたがる理由は、更地にする際に、家屋の取り壊しや庭の植木や石を撤去する費用が発生するので、土建業者などに依頼する際に紹介料（バックマージン）が入ってくるからでもある。

ところで、〝業界の慣例〟は、客である私たちに不利益ばかりをもたらすとは限らないそうだ。もし、不動産業者を通さずに更地にした場合、紹介料分が浮いて安くなるはずなのだが、ある不動産業者に聞いたところ、一般客から直接受注した場合、紹介料プラスαを乗せて見積もることはよくあるということだ。

ここで注意したいのは、不動産業者との交渉で自分の思っている以上の査定額になって愕《がく》然《ぜん》として、他の業者に声をかけまくることだ。これは得策ではない。田舎の場合、都会の不動産相場のように「坪単価いくら」というような〝相場感〟がなかなか得られないので、複数の業者で相場を確認するのは当然なのだが、ライバル関係にあっても、裏ではつながっていて、「情報共有」されていることが多い。不必要に動くと、「あれはうるさい客だ」とのレッテルを貼られて、その後の交渉が面倒になることがあるのだという。

また市街地の家は、よほどの古民家なら別だが、都会からの移住者からは見向きされにくい。同じ街や近郊からより便利な住まいを探している人たちが主だから、水まわりのリフォームをはじめ、家を修繕して見栄えをよくする方法もある。

ただし、家の価格に修理代やリフォーム代をそのまま乗せるのは得策ではないそうだ。きれいにしてなお相場の価格なら、客からは「お買い得」「掘り出し物」と評価されるからだ。

こうした点を踏まえて、地元の不動産の動きに詳しい第三者のアドバイスが欲しいところだ。地元の親類縁者、地元の友人などを通じて探してもらうといいだろう。家の出入りで不自由している隣の住人が購入してくれるケースもあるので、隣人に話を持ちかけるというのも一手である。

売るにはメンテナンスが重要！

不動産業者がなかなか手を出さないような「田舎」の物件の売却なら、「貸す」ときと同様に、全国の市町村が運営する「空き家バンク」に登録して、インターネットで公開してもらうのがいいだろう。Uターン、Iターンなど、地方移住を考える人たちの目に触れる機会を増やしてもらうことからはじめたい。

しかし、「空き家バンク」に登録しても、家の管理をしてくれるわけではないし、すぐに売れることはまずない。

取材で山間部の物件を何軒か見せていただいたことがあるが、いずれも築年数こそ古いが、なかなか立派だし、価格も安い。最寄り駅は新幹線も停まる駅で、そこからクルマで50分。「空き家バンク」で公開され、田舎暮らし支援の情報誌にも掲載されたが、その時点で1年以上決まっていなかった。

それでも、空き家バンクに登録すれば、売却のチャンスがめぐってくるかもしれない。

実際にこんな事例があった。

新潟県の県境に近い長野県の山間部に、約２００坪の土地と築30年ほどの建坪60坪の家を相続した村山和美《むらやまかずみ》さん（48歳、仮名）のところに、地元の物件を中心に扱う不動産業者から電話がかかってきた。

「ご実家を相続されたそうですが、80万円で売りませんか？」

ようやく四十九日の法要も終わり、親が住んでいた家屋敷を相続することが決まってすぐのことで、「情報をキャッチするのがなんて早いのだろう」と村山さんは驚いた。

しかし、いくら田舎とはいえ80万円はないだろう、無礼にも程がある、と思い、即座に断ったという。その後も別の不動産業者から連絡があったが、１００万円程度とほぼ同じような値段で、「こんなものなのかな」と、実家の価格の安さにがっかりしたという。

結婚して実家と同じ市の市街地に家を持っている村山さんは、ご主人、子供たちとともに実家に戻る予定はなく、貸すことも売ることもしないで、しばらく空き家のままにしていた。しかし、いつまでも放っておくわけにいかないので、地元の不動産業者に売却について相談してみることにした。売り値をいくらにしたら買い手がつくだろうかと。

「いや、買い手はないかも」

こう不動産業者に言われたときは、さすがにショックだった。その不動産業者は市街地の住宅や店舗物件の専門で、山間部の「田舎物件」は扱ったことがなく、よくわからないということであった。村山さんはそのとき初めて、不動産業者に得手不得手があることを知ったという。そして、もし委託販売で買い手が現れたとしても、価格が安すぎて商売にならない、とやんわり断られてしまった。

そんなとき、「空き家バンク」の存在を不動産業者に教えてもらい、さっそく市役所を訪ねて実家を登録することにした。実家の広さや築年数など、権利書などを見ながら記入し、「せめて坪1万円以上の価格を提示しなくては親に申し訳ない」と思い、３００万円と値付けしてみた、という。

実家の写真を撮ってもらい、ほどなく市のホームページ内にある「空き家情報」に、実家の外観、部屋や風呂場をはじめ水まわり、庭の写真が公開された。すぐに反響があるかと思ったが、なかなか問い合わせもない。やはりだめかと、少しばかりがっかりしたという。

その後、村山さんは、自宅から実家までクルマで1時間弱なので、月に1回くらい通っては掃除や空気の入れ替えをしてきた。雪深い地域なので、11月中には雪囲いをして家や庭木を守り、ひと冬に数回、ご主人と2人で雪下ろしをして建物を守った。その間、冷やかしのような問い合わせは数回あったが、なかなか具体的な話はなかった。

2年目。ようやく、購入を前提にした問い合わせがあった。実際に見にきてくれたので、空き家バンクの担当者と見学してもらった。実家はそれなりに古かったが、その方はメンテナンスを褒《ほ》めてくれたうえで、「家具が気に入った」「神棚まで置いたままでいい」と言って、ほぼ居抜きのままで購入してくれることになった。

実は、親の遺品はほとんど整理してあったが、たんす、座卓などの家具は置いたままにしていたのだ。冷蔵庫やテレビなどの家電品は除き、家具を廃棄処分しなくて済んだので、おまけして270万円で購入してもらった。契約にあたっては、「空き家バンク」が紹介してくれた不動産業者が仲介してくれ、面倒なお金のやりとりも業者任せにできて助かった、という。

買ってくれたのは、横浜から移住を前提に何度か訪れたという47歳の独身男性だった。しばらくは横浜とこちらを行き来しながら、定年を待たずに畑を借りて田舎暮らしをしたいらしい。予算300万円くらいで、キッチン、トイレ、風呂などの水まわりを直し、暖炉（薪《まき》ストーブ）を入れるので床を張り替えるそうだ。

雪が深い田舎なので売れるかどうか心配だったが、男性は趣味がスキーということもあり、「むしろそれがいい」と言ってくれた。村山さんは「そういうものか」と、価値観の違いを感じた。集落の地区長さんもその方を気に入ってくれたようだ。寂《さび》れた集落に人が増えるし、男性が友人でも誘ってくれれば、少しはにぎやかになってくれるのではないかと、正直ほっとした。

この物件は、けっして〝まぐれ〟で売れたわけではなかった。抑え目の価格設定で、築30年と古民家というわけではないが、田舎暮らし感を高める趣のある建物、そして空き家になったとはいえ、しっかりしたメンテナンスが施《ほどこ》され、庭の手入れもされていた。

水まわりは、買い手が気に入ったリフォームをするからそのままでよかった。なにより大切なのが、室内を見学させたこと。すでに空き家になっていたから、他人を家に入れやすかったこともあると思われる。「空き家バンク」に登録されている物件には、人が住んでいることがあって、生活を見せたくないからとか、管理できていないので施錠《せじょう》したままだから見せられないとか、管理者が見学者のスケジュールに合わせるのが面倒だからといった理由で、見学不可のケースも少なくないそうだ。

購入後は更地にするから土地だけ見ればいい、という人はそうはいないだろう。都会の中古物件でも同じだろうが、室内も見ないで家を購入するような人はいないのだ。その点でまさに、村山さんは〝いい売り主〟だったのだ。

古民家・田舎物件のプロに託す

「田舎の実家」を売る〝もうひとつの方法〟がある。

市街地なら地元の不動産業者、田舎の物件なら「空き家バンク」と紹介した。実はほかにも全国規模、あるいは特定地域の田舎物件を扱う専門業者がある。田舎暮らしに欠かせない趣のある古民家や田舎にふさわしい物件を都会人に紹介する業者だ。

その代表的な会社が、全国規模で事業を展開し、東京・四谷に本部を置く「ふるさと情報館」(http://www.furusato-net.co.jp/)だ。

同社の代表である佐藤彰啓《さとうあきひろ》さんはこう語る。

「実家を相続したとき、不便極まりなく、古いだけの田舎の物件で、そこに価値を見出せないという人がほとんどなんです。私どもは、田舎暮らしがしたいという方はどのような物件を求めているかをよく知っています。都会の人は、地方都市でも、市街地にある都会風の物件には見向きもしません。ですが、傷《いた》んでいたとしても、すすけていても、太い柱や梁《はり》のある古民家であったり、普通の中古住宅でも田舎の風景に溶け込んだりするような物件に価値を見出します。

ですから、市街地ばかりでご商売されている不動産業者は、『更地にしたほうが売れますよ』『あんな古い家には価値がありません』なんてよく言われるのですが、もし、そのような物件があったら、私どものサイトにある『売却のご相談』をご覧ください」

認定NPO法人日本民家再生協会（http://www.minka.or.jp/）の代表理事でもある佐藤さんは、1000坪を超える古民家の写真を見せながら、「この物件をなんとかしたい」と話す。その古民家のオーナーは、代々続く立派な家を守りきれなくなり、業者に相談を持ちかけた。だが、最初に地元の不動産業者に相談したところ、「更地にして売りましょう」としか言われない。

クルマの往来こそ少ないが、広い道に面したお屋敷。まさに風格のある古民家だ。傷みが出始めているものの、メンテナンスさえできれば「超一級の物件」だ。

佐藤さんは、「少なくとも２０００万円以上の値がつくと思う」と言う。しかし、もし更地にしてしまえば、坪あたり１万円そこそこのただの空き地にしかならない。半年もすれば雑草が生い茂るばかりだろう。

佐藤さんは、この古民家を活用するにあたり、誰かに買ってもらうという選択肢のほかに、室内外に手を加えて料亭のような飲食店にしたり、あるいは宿にしたりすることもできる、と考えている。また、どこかに移築して活用する方法もある。なんとしてでもこの場に建物を残したいというのであれば、文化庁の登録文化財に指定してもらう手もあるという。

登録文化財というと申請にいろいろと手続きが必要だが、その古民家の社会的価値が公認されることになり、活用する場合の付加価値を高めることになる。こうした提案ができるのも、認定ＮＰＯ法人日本民家再生協会の代表理事ならではだ。

「ふるさと情報館」では、都会に住む田舎暮らし志向の会員に向けた雑誌『月刊ふるさとネットワーク』に田舎の物件情報を掲載し、物件を紹介している。田舎の不動産の売却にあたっては、情報館のサイト内の「売却のご相談」フォームから概略を送信すればいい。地域担当者が折り返し連絡してくれる。もちろん、査定は無料だし秘密厳守だ。

先述の「空き家バンク」とのダブル登録もできるので、たいそうな古民家だけでなく、普通の中古住宅であっても、田舎の物件の活用を考えているのなら相談してみるといいだろう。

「ふるさと情報館」のほか、東京と大阪に「ふるさと暮らし情報センター」を持つ認定NPO法人「ふるさと回帰支援センター」(http://www.furusatokaiki.net/) でも、相談員がいて、全国の地元業者や「空き家バンク」などの移住担当者を紹介してくれることがある。また、都会と田舎を移住・交流で結ぶイベントなどを開催するなど、都会に居ながらにして地方の情報が得られる。

そのほか、地方移住を目指す人たちに知名度が高い業者としては、愛知、岐阜、三重など東海地方に強い「奥三河カントリー」(http://www.inaka-tsuhan.com/)、近畿一円をカバーする「白野産業」(http://www.shironosangyo.com/) などがある。もちろん、各地域にも田舎物件に強い業者はある。サイトで検索したり、地元の親類縁者、友人に紹介してもらったりしながら、情報を集めて実家の売却がスムーズにいくように準備をしていきたい。

住みやすい環境も売り物になる

田舎の家の売り方は、都会や地方都市の市街地とは明らかに違うが、それはやはり、需給関係が大きく影響する。

豊かな自然に囲まれた田舎暮らしがブームといわれたことがあるし、一部マスコミでは、地方創生の流れもあり、若者の移住が増え、第二の波が来ていると伝えている。広い意味ではいまもブームなのかもしれない。

しかし、注目はされていても、現実にはそこまで大きな動きではないのだろう。田舎暮らし支援雑誌の公称発行部数は10万部と、それなりの数字ではあるが、活字による疑似体験を楽しむ向きも少なくなく、潜在的な希望者は多くても、市場としては10万人を超えることはないのではないか。

それだけに、田舎の住宅を購入してもらうには、田舎暮らし志向の人だけでなく、〝より住みやすい環境〟を求める人たちにもターゲットを広げるべきだろう。ただ住まいとしての「家」の魅力だけではなく、市町村の魅力とも大いに関係してくる、ということだ。

たとえば、移住して子育てをしたいという人たちがいる。すると、手厚い育児支援、家屋の修繕の補助、就職支援などがあり、また、農業や林業を目指す人たちが技術指導を受けられたりするなど、地域活性とワンセットになっている自治体ほど、「空き家バンク」の成約率が高くなるのだ。

民間の不動産業者、NPO、そして市が独自の協力態勢で「空き家バンク」を運営する島根県江津《ごうつ》市では、「空き家バンク」開設から5年間で賃貸および売買物件47件の利用があり、移住者127人を記録している。もし、実家のある市町村がこのような協力態勢をとっている自治体なら、ひょっとするとあなたの実家もより早く売れるようになるかもしれない。

田舎物件の「売れ筋」の要件

田舎への移住計画は、人によって予算も大きく異なるものだが、総予算1000万円で、大雑把《おおざっぱ》に言って、家屋敷500万円、リフォーム500万円というパターンがある。

古民家はもとより、田舎の中古住宅は水洗トイレでないこともある。風呂などの水まわりを直せば100万円程度。トイレ、風呂、キッチンまわりを一新して、床材をいまどきのフローリングにしたりすれば、200万円（～300万円）。インターネット環境の整備や家電製品、最新の家電製品の消費電力に対応させた電気工事、コンセントの増設などでプラス100万円。外壁塗装や屋根の修繕などで100万円などと、手をかければかけるほど、当然ながら予算も増えていく。

いまや、更地の土地を購入して理想の家を建てる人は少数派といわれている。移住者は定年後の人が多いので、蓄《たくわ》えたお金や年金は大切に使っていくような、堅実な田舎暮らし投資をしているのだ。だから、実家を売却するにあたり、こうした売れ筋《すじ》の要件を満たす「手を加えなくても、なんとか住める家」のほうが、早く動く可能性が高くなる。

とはいえ将来、建て替えることができないような物件が売りにくいことは言うまでもない。建築基準法では、接道義務があり、幅が4メートル以上の道路に2メートル以上の敷地が接していなければ、リフォームはできても、取り壊して新しく建てることはできないのだ。

そして、購入する側の立場で見落とせないのが「市街化調整区域」かどうかだ。これは、高度経済成長期に、都市計画法に基づいて乱開発を防いで都市化を抑制するために定められたもので、該当する地域は、原則として家の新築や開発が認められない。自治体によっては、再建築が認められないエリアもある。

この法律ができたのは1968年のことで、道路網などインフラが未整備の地域で住宅街が開発されたケースがあり、区分けは無秩序開発を防ぐ効果があった。

田舎では、都市近郊であっても市街化させず自然を保つために、こうした政策がとられている。それより前から家が建っている場合、増改築や売買はできるが、家が老朽化したり、空き家になって倒壊したりしたとしても、新築はできない。なんだか納得のいかない話と感じられるかもしれないが、法律は法律だ。あなたの実家が市街化調整区域内にないことを願うばかりだ。

そんな中、京都府では、計画的にまちづくりを進める市街化区域と田園地域の市街化を抑える調整区域の区分けを、乱開発の懸念がなく、集落の活性化や移住促進に有効で、市町の要望があることなどを要件に撤廃を進めている。たとえば綾部市域は、2015年度内の撤廃を目指すという。

この背景には、田舎であっても道路や下水道の整備が進んだこともあろう。

これで田舎の活性化につながるという実績ができれば、全国に広がっていくかもしれない。

農地をどうする？

親の家のたたみ方について、家屋敷をどうするかという問題を考えてきた。貸す、売却する、解体して更地にするなど、そのための方法や対策を紹介してきたが、畑や田んぼ、すなわち「農地」はどう生かしたらいいのだろうか。実はこれも、農地法という法律の縛りがあって自由に売却するわけにいかず、面倒なことがいっぱいある。

農林水産省の「2010年世界農林業センサス」によれば、日本の耕作放棄地は増え続け、埼玉県の広さにも匹敵する39万6000ヘクタールの農地が使われていないという。おそらく、この傾向は今後も続くと思われる。

もっとも、山間部の狭《せま》くて耕しにくいところから放棄されていくので、もともと耕作に向かない土地まで農地にしてきたこともその背景としてあるのだが、それにしてももったいない話である。

こうした状況に歯止めをかけるべく、2009年に農地法が改正され、一般法人でも農地が借りられるようになった。大企業が農業に参入し、農地を有効活用していこうという流れが生まれている。

〔問3〕 次のIの文は、2009年に改正された農地法の内容の一部を分かりやすく書き改めたものである。IIの表は、1995年から2010年までの、農家数と耕作放棄地の面積を示したものである。I、IIの資料から読み取れる、国が農地法を改正した目的について、農家数と耕作放棄地の面積に着目して、簡単に述べよ。

I

> 農地の借用期間を20年間から50年間に延長するなど、異業種の企業やNPOなどが農業に参入する条件を緩和した。

II

	農家数（万戸）	耕作放棄地の面積（万ha）
1995年	265.1	24.4
2000年	233.7	34.3
2005年	196.3	38.6
2010年	163.1	39.6

（2010年世界農林業センサスなどより作成）

（2012年度都立高校入試問題より）

２０１３年の都立高校の入試問題では、農地法の改正のポイント、農家数と耕作放棄地の面積推移から出題されていた。逆に言えば、これは農地の有効活用がいかに遅れているかを示すものでもある。中学生に危機感を持たせなくてはならないほど、深刻な状況なのだ。

いずれにしても、農地法の厳しい縛りがいくらか緩和《かんわ》されたことで、営農者や法人が積極的に農業ビジネスに取り組んでいるなら、実家の農地を借りてもらえるかもしれない。全国各地で広がっている、農業を軸にした地域活性化政策も追い風ではある。それでも現実には高齢化が進み、田舎の実家周辺に農地があって、お願いをしたとしても耕作してくれるとは限らない状況だ。

しかも、農地を売る場合、住宅のように誰にでも売れるわけではない。これも農地法によって制約を受けている。原則として農地は、新規就農者を含めた農家にしか売れない。

登記簿上の地目が「田」「畑」の場合、取得後の耕作面積が５反歩（１５００坪）以上必要とか（例外あり）、農地と同一の市町村に住み、確実に農業を営《いとな》んでいるとか、条件を満たした相手にしか売ったり譲《ゆず》ったりすることはできない。しかも、「営農計画書」か「土地利用計画書」を添えて、農業委員会に申請して許可を得る必要がある。

農地を宅地に転用したり、畑にしていないものも登記簿上で「田」や「畑」となっていたりしたら、売買もできないのであろうか。答えは、「市街化区域にあれば可能」。この場合は、地目を「宅地」に変更することができ、売買も自由だ。

ただし、補助金が出ている「農業振興地域」に関しては、市町村長に申請してこれを解除してもらわないと売買はできない。

「農地バンク」もある！

ところで、田舎で農業をしたいと移住してきた人は、農地を購入することはできないのだろうか。これについては、地域の農業委員会の判断で異なるようだ。

長野県北部に農業がやりたくて移住してきた藤原忠泰《ふじわらただやす》さん（62歳、仮名）は、農業をやめて介護施設に入った一人暮らしの人から、家と畑と田んぼを購入した。ど素人《しろうと》ではあるが、都会から来た新規就農者ということで一応農家として認めてもらえた。だが、耕作面積が足りない。宅地の部分は登記できたが、「田」「畑」の仮登記というやり方で、3年ほど農業の真似事をしたら登記できたそうだ。農地法を厳密に適用したら地域の農業が荒廃してしまうという判断をしたのではないか、と藤原さんは踏んでいる。

もっとも藤原さんは、移住にあたり、ほぼ5年計画で、地域の体験移住や二地域移住を経て地元の人たちと交流を深めてきた。購入した田んぼは、地元の米農家に依頼していっさいを任せており、農業といっても、作っているのはジャガイモ、ねぎ、にんじん、豆など、素人でもできる作物ばかり。本人も「家庭菜園での趣味の領域」という藤原さんでも農家扱いしてもらえるのだ。農地の貸し借りも、厳密にいえばNGではあるが、人と人のつながりの中で、遊んでいる農地を売買したり貸したりすることはできなくはないのだ。

全国の自治体の中には、「空き家バンク」だけでなく「農地バンク」を運営しているところもあり、今後こうした動きが全国に広がっていけば、そして国の減反《げんたん》政策を大転換する見直しが額面通り進むとするならば（そう簡単にいくとは思えないが）、耕作放棄地、休耕田の活用が進む道が開けるかもしれない。

山林はどうする？

山林に関してはどうだろうか。地方に出かけ、役所の方に取材をするたびに「山」の話をうかがうことにしている。すると、みな顔が曇《くも》る。

「『相続で山をもらったので寄付をしたい』なんて言われるのですが、それを売っていただいて、お金をまちに寄付していただけるならありがたいですが、土地の寄付は受け付けられません」

一様に、こんな答えが返ってくる。

調べてみると、自治体は原則として山林に限らず田畑、家屋敷の現物の寄付は受けていない。駅前で大規模な再開発があるとか、市道の幅員拡張にあたって用地買収を進めているとか、特別な場合でないと現物の寄付を受けることはないのだ。

いまは相続税の物納ですらなかなかない状況で、財政が厳しい中、土地や建物を寄付してもらっても、自治体のメリットはない。所有地だから、そのままにしておけば固定資産税が発生するわけで、その財源をみすみす捨てるわけがないのである。

日本の国土の7割近くが山林であるにもかかわらず、山は荒れている。外国産の木材に押された日本の林業が苦しい状況に置かれているのはご存じのとおりだ。山を持っていることは資産家の証《あかし》とされたような時代もあったが、いまは売却もままならない「厄介《やっかい》な負の資産」とまで言われている。

実際、共同名義が多いうえ、未相続で代々受け継いでいることが多く、相続をして手を打とうとしても、登記上誰のものか不明ということが多いのだそうだ。誰かの所有地である以上、荒れていても、役場としては対策が立てにくい。これはもはや、市町村の問題ではなく、国レベルの問題なのだ。

林野庁の「平成23年度森林・林業白書」(http://www.rinya.maff.go.jp/j/kikaku/hakusyo/23hakusyo/index.html)によれば、2010年(平成22年)の総木材(用材)供給量は7026万㎥で、そのうち国産は1824万㎥と、国内自給率は26・0%だ。さすがにこうした状況を打破《だは》しようと、農林水産省は平成21年に「10年後の木材自給率50%以上」を目指す「森林・林業再生プラン」を策定。翌平成22年には、公共施設に国産の木材を使うよう努力をうながす「公共建築物木材利用法」もスタートした。建築物の木造化に国が率先《そっせん》して取り組むことで、地方公共団体や民間事業者にも国産の木材利用を促進していくという。

さらに林野庁では、小面積の林地を集約化して計画的に森林整備を行う個人や業者に対し、森林施設や作業用林道の開設資金を直接払う補助金制度や、外国人が買いあさっているという噂もある水源地の確保や整備に向けた取り組みもはじめている。今後、再び山が日の目を見るようなことがあれば、山の整備が進み、資産としての価値が上がるかもしれないが、いま売却するのはやはり難しい。

そこで、故郷に山を持っているなら、〝活用する〟という方法を探ってみるのはいかがだろうか。「全国森林組合連合会」（http://www.zenmori.org/）では、こうした人たちを対象に東京、名古屋、大阪などで「ふるさと森林相談会」を開催している。地元の森林組合の人が会場に出向き、無料で相談に応じてくれるという。

森林組合と司法書士が連携して、山林の境界線の問題や登記に関する疑問に答えてくれたり、伐採《ばっさい》などに必要な経費の7割を国や都道府県が助成してくれるといった、森林の持ち主の負担を軽くする仕組みなどについてもアドバイスしてくれる。都会にいてふるさとに戻れない人は、一度ぜひ参加してみることをおすすめする。

放置した空き家の強制撤去も!?

仮に、不動産業者から「更地にしたほうが売れる」と言われても、よく考えてからにしたほうがいいことはすでに触れてきた。田舎暮らし志向の都会人も、より便利な「田舎」を求めて探す人も、〝とりあえず住める家〟が建っていたほうがいいというケースがあるし、固定資産税の優遇もある。田舎の場合、更地にしなければならないのは、老朽化が著《いちじる》しく、近隣の住人に迷惑をかける恐れがある場合、と考えたほうがいいのではないだろうか。

その一方で、「処分が面倒だから、売れるまで何もせずに放っておく」ということは難しくなった。

２０１４年11月、衆議院の解散直前に、空家等対策の推進に関する特別措置法（空家対策特別措置法）が、全会一致で可決され、２０１５年２月に施行された。これにより、全国の市町村でいわゆる「空き家条例」を作らなくても、倒壊の恐れがある危険な空き家であるとか、観光地なら景観を損《そこ》ねるような空き家、さらには犯罪の温床《おんしょう》になりそうな空き家を強制撤去できるようになった（国土交通省「空き家対策特別措置法ガイドライン」http://www.mlit.go.jp/common/001090477.pdf 参照）。

空き家として1年間放置された場合、国が固定資産税の納税データを自治体に開示して空き家の持ち主を明かすことで、空き家の処分を要請できる。建物さえ建っていれば固定資産税減免の措置はなくなり、更地と同じ扱いになる。強制撤去となった場合の費用は、持ち主に請求されることになる。

国土交通省によれば、アウトソーシングでもいいので、空き家を月に1回程度ケアしていれば、従来通りの固定資産税で済むが、今後は、「面倒だから」という理由で空き家を放置することにペナルティが科せられることになるのだ。

本当に「危険」という判断がなされないと強制撤去は執行されないようだが、自治体がなんとかしてくれるまで放っておくのはいかがなものか。そのような事態になる前に維持管理し、「どうしても管理が難しい」という段階で自主的に更地にするのが、相続の権利がある者の務めではないだろうか。

全国の自治体の中には、空き家の解体費用を助成する制度を設けている自治体もある。疎《そ》遠《えん》になった田舎の実情はわかりにくいだろうし、まして解体業者を見つけるのは面倒な作業でもある。実家のある市町村に問い合わせ、助成があるかどうか確認し、もし助成が使えるのであれば手続き方法も確認するといいだろう。その際、業者を紹介してもらうことも忘れずに。解体の見積もりは、あなた自身も現地を訪れて、業者と直《じか》に会ったうえで納得してから、更地にするまでの解体の期間や見積もりを取るといいだろう。

また、田舎では、古井戸だとか祠《ほこら》が出てくることがある。都会の住宅解体でもときどき起きるが、この場合はちょっと厄介だ。こうした場合は、神主さんにお祓《はら》いをしてもらうことになる。自分はそんな信仰はしていないので関係ない、では済まないのだ。

まず業者が嫌がるし、こうした神事（仏事）につながることをしないと、あとで瑕疵担保《かしたんぽ》責任（売買の対象物に外部から容易に見つけられない欠陥＝瑕疵がある場合、売り主が買い主に対してその責任を負《お》うこと）を問われ、買い主に契約解除や損害賠償の請求をされることもあるという。「たかが古井戸」とは思わず、神職の方にお願いすることだ。

御礼あるいは御供《ごくう》という名目になるが、決まった金額はない。これがかえって面倒だ。5000円以上が失礼のないところだそうだ。仏教式、キリスト教式ではどうかと解体も仕事にしている土建業者に訊《たず》ねてみたが、神道以外に見たことはない、という話だった。

繰り返すが、固定資産税は建物がなくなると、一気に高くなる。税金が増えるから放置するという言い訳をさせない法改正で、空き家が増える勢いを少しは止めることができるかもしれない。

おわりに

本書は「親の家のたたみ方」の入門書を目指し、都会と田舎の状況を大きく分けて、それぞれの問題を解決できるヒントを紹介させていただいた。実家を片付けるにあたり、何から手をつけていいかわからないという方に、少しでもお役に立てたなら幸いである。

１００軒の実家があれば、問題はその数だけある。みな同じなんてことはありえないが、つまずくところはどこか似ているのではないだろうか。その〝最大公約数〟を紹介したつもりである。

実家をどうするかを考えることは、単にモノとしての家や財産をどうするかについて悩むだけではない。代を重ねてきた人と家との歴史を確認することであり、自分の存在を認識する好機でもある。

団塊《だんかい》世代の方々が相続をする時期に入った。戦後のベビーブームの中、激烈な競争社会を生き抜き、地方から都会の学校に入り、会社に就職し、必死に働いて、気がつけば定年を迎える。そして、地方に残してきた親が老いていく。都会で育った人とて、結婚を機に実家を出て独立し、家も建てた。子供たちもかつての自分のように独立していった。たまに実家にも顔を出すが、家も古くなったな、と思う。父の骨董《こっとう》品や美術品を見ると、自分が子供のころ、父が大切に磨いていた姿を思い出す。父の宝物だけでなく、生活用品も山のようにある。なんとかしたいが、親が生きているうちは手をつけにくい。

少しでも先送りしたいと思う気持ちは、団塊の次の世代も同じだろう。いまはもう実家に戻ることはないな、と漠然と感じている中、両親にはいつまでも元気でいてほしいと切に願う。自分は長男なのに、実家に戻って家を守らなくていいのだろうかと自分に問いかけることもあるが、やはりいまの生活を考えれば、いずれは実家をたたまなくてはならないと思う――。

実際、このように感じている方は多いだろう。せめて自分を責めないでいただきたい。同時に、ご両親と積極的にコミュニケーションをとることを忘れないでいただきたい。

離れて暮らしていても、親子の会話をおろそかにせず、「親がどうしたいのか」を優先させてものごとを進めていく。これが実家をたたむ際の一番大切なポイントで、これがうまくいくと事がスムーズに運びやすい。数々の取材の中で見えた「成功事例」の共通項だ。どこから手をつけたらいいか迷ったら、どうか〝ここ〟からはじめていただければと願う。

私は、資産運用を指南するマネー誌の編集を経て、独立後はフリーランスの立場で記事を書き、日本で初めて富裕層向けの本格的なマネー誌を立ち上げるなど、金融関係の取材を数多く行ってきた。

たまたま週刊誌の仕事で、増加する空き家の問題を取材し、記事をまとめることになった。空き家が発生するメカニズムを探る中、相続問題が複雑にからむことを知った。また、地方の疲弊、都会の孤独、少子高齢化、人口減少など、「空き家」を通じて日本が抱える大きな問題が見えてきた。

その後、掲載する媒体がないときも、空き家、人口減少、地方移住、相続などの問題に関心を持ち続け、取材を重ねてきた。まったく関係のない仕事で地方に出かけたときも、ひとつでもネタを拾ってくるように心がけてきた。

そんな折、漫画家のコンタロウ氏と共著で『田舎の家のたたみ方』（メディアファクトリー新書）を書かせていただき、けっして小さくはない反響を得た。「相続ジャーナリスト」

などという、とってつけたような肩書で、テレビ、ラジオ、雑誌、新聞などでコメントをしたり、原稿を書いたり、インタビューを受けたりと、「実家をたたむ」ことについて、発信する機会が増えた。

とりわけ生放送のNHK『あさイチ』に出演させていただいたときは、番組放送中にファクシミリやメールで1700件の質問をいただき、実家をどうしたらいいのかお困りの方がいかに多いのかを実感した。また、TBSラジオ『荻上チキ・Session－22』に出演させていただいたときは、メールやファクシミリのほか、ツイッターで寄せられる質問から、切羽《せっぱ》つまった状況にある人がたくさんいることをリアルタイムで知ることができた。

また、そのとき、どこで聞いてきたのか、なにかの記事を読んだのかわからないが、正しい情報が十分に伝わっていないことを実感した。

中でも印象的だったのが、「金目のものだけ相続して、親の家は放棄する」という声が多かったことだ。

親の家、実家は相続放棄することはできるが、そのときは同時に金目のものも放棄しなければならなくなる。つまり、都合よくお金だけもらうことはできないのだ。これは、なんとかわかりやすく正しい情報を伝えていかなくては——と、使命感が湧いてきた。

そんな折、講談社の編集者である村上誠氏が声をかけてくれたおかげで、本書を執筆する機会を得た。

いま、少子高齢化、人口減少、限界集落、自治体消滅など、将来のさびしい日本の姿を連想させる言葉を目にすることが多い。実家を処分するにあたり、ますます条件が厳しくなるような気がしてくる。

しかし、本書で紹介した方法、アイデアなどを生かしていただければ、悲観的な状況は打《だ》破《は》できると信じている。どうか、問題の先送りばかり考えず、半歩でも前進していただきたい。そういう方が一人でも増えたとしたら、著者として大きな喜びである。

また、今回多くの方々に取材をさせていただいた。多忙な中、お時間とお知恵を拝借したことに深く感謝申し上げたい。

２０１５年５月

三星雅人《みつぼしまさと》

都道府県	市町村	名　称／担　当	電話番号／問い合わせメール
北海道	小樽市	空き家・空き地バンク 建設部まちづくり推進課	0134-32-4111／内線471・472 matizukuri@city.otaru.lg.jp
	後志地域振興局	しりべし空き家バンク 後志総合振興局 建設指導課主査	0136-23-1373
	美唄市	移住・定住情報 総務部企画課(政策調整グループ)	0126-62-3137 kikaku@city.bibai.lg.jp
	三笠市	住宅情報バンク 建設部建設管理課住宅係	01267-2-3998 kensetsuk@city.mikasa.hokkaido.jp
	滝川市	住まいネットワーク 総務部 企画課	0125-28-8004 kikaku@city.takikawa.hokkaido.jp
	砂川市	空き地・空き家情報 建設部建築住宅課建築指導係	0125-54-2121／内線258 k-shido@city.sunagawa.lg.jp
	富良野市	住まい情報バンク 総務部企画振興課	0167-39-2304 iju.soudan@city.furano.hokkaido.jp
	恵庭市	空き家・空き地バンク 企画振興部まちづくり推進課	0123-33-3131
	石狩市	空き家・空き地情報 建設水道部建設指導課	0133-72-3162
	福島町	空き家バンク制度 総務課企画グループ	0139-47-3001／内線315・317 kikaku@town.fukushima.hokkaido.jp
	由仁町	空き家・空き地バンク 総務まちづくり課まちづくり室	0123-83-2112
	長沼町	空き家バンク 総務政策課　政策・行革係	0123-88-2111／内線225・226 soumuseisakuka@ad.maoi-net.jp
	和寒町	空き家・空き店舗情報 総務課	0165-32-2421
	清里町	空き家バンク ＮＰＯ法人きよさと観光協会	0152-25-4111 ky.kankou@bz04.plala.or.jp
	洞爺湖町	空き家バンク 産業振興課地域振興グループ	0142-74-3005 chiiki@town.toyako.hokkaido.jp
	安平町	空き家情報 まちづくり推進課	0145-22-2514 m-suishin@town.abila.lg.jp
	浦河町	移住情報ポータル 企画課移住交流推進室	0146-26-9013 ijuturn@town.urakawa.hokkaido.jp
	上士幌町	移住．com 特定非営利活動法人 上士幌コンシェルジュ	01564-2-3993
	新得町	空き家・空き室・空き地情報 地域戦略室地域戦略係	0156-64-0521／内線142 chisen@town.shintoku.hokkaido.jp
	浦幌町	空き家・空き地バンク まちづくり政策課まちづくり推進係	015-576-2112 mati@urahoro.jp
	鶴居村	空き家バンク 企画財政課企画調整係	0154-64-2112
	標津町	空き家・空き地バンク 企画政策課	0153-82-2131 shibetsu-yoitoko@shibetsutown.jp
	芦別市	空き家・空き地情報バンク 企画政策課まちづくり推進係	0124-22-2111 kikaku@city.ashibetsu.hokkaido.jp
	七飯町	ななえ空き家・空き地バンク 経済部都市住宅課住宅対策係	0138-65-5794
	南富良野町	空き家バンク 企画課企画振興係	0167-52-2115
	遠別町	空き家・空き室バンク 総務課企画振興係	01632-7-2111 kikaku@town.embetsu.hokkaido.jp
	北広島市	空き地・空き家バンク 企画財政部都市計画課	011-372-3311／内線785 toshik@city.kitahiroshima.hokkaido.jp

北海道	根室市	空き家・空き地バンク 移住相談ワンストップ窓口(総合政策部内)	0153-23-6111／内線2253〜2255 sog_seisaku@city.nemuro.hokkaido.jp
	留寿都村	空き家バンク 企画課	0136-46-3131
	剣淵町	空き地・空き家情報 町づくり観光課企画商工観光グループ	0165-34-2121
	芽室町	めむろ土地・住宅情報 企画財政課企画調整係	0155-62-9721
	羽幌町	空き家バンク 地域振興課政策推進係	0164-68-7013
青森県	南部町	空き家バンク 農村交流推進課	0178-76-2310
	田子町	空き家バンク 子育て定住移住支援室	0179-20-7119
岩手県	盛岡市	空き家等バンク制度 都市整備部 都市計画課	019-639-9051
	奥州市	奥州市移住・交流情報館 総務企画部 元気戦略室	0197-24-2111／内線462 genki@city.oshu.iwate.jp
	住田町	空き家情報 企画財政課移住促進担当	0192-46-2114 kizai@town.sumita.iwate.jp
	久慈市	交流・定住ナビ「Kターン」 総合政策部地域づくり振興課	0194-52-2116 k-turn@city.kuji.iwate.jp
宮城県	登米市	空き家情報バンク 企画部市民活動支援課	0220-22-2173 shiminkatsudo@city.tome.miyagi.jp
	栗原市	空き家バンク 企画部企画課成長戦略室定住促進係	0228-22-1125 teijyusokushin@kuriharacity.jp
	大崎市	空き家情報 市民協働推進部政策課	0229-23-2129 seisaku@city.osaki.miyagi.jp
	山元町	空き家・空き地・空き店舗情報 町民生活課	0223-37-1112
秋田県	秋田全県	秋田暮らし　はじめの一歩 秋田県企画振興部 人口問題対策課 移住・定住促進班	018-860-1234
	鹿角市	宅地建物データバンク 政策企画課鹿角ライフ促進班	0186-30-0208
	上小阿仁村	空き家バンク 総務課企画班	0186-77-2221
	能代市	空き農家等情報登録制度 環境産業部農業振興課 農政係	0185-89-2182
	三種町	空き家登録物件情報 企画政策課企画係	0185-85-4817
	八峰町	空き家情報室 企画財政課	0185-76-4603
	男鹿市	空き家バンク 企画政策課　企画広報班	0185-24-9122 kikaku@city.oga.akita.jp
	由利本荘市	空き家バンク 企画調整部 地域振興課	0184-24-6231 tiiki@city.yurihonjo.akita.jp
	にかほ市	空き家情報登録バンク 総務部企画課	0184-43-7510
	美郷町	空き家・空き地等情報 商工観光交流課 交流・商工班	0187-84-4909
	仙北市	定住応援情報 総務部 定住対策推進室	0187-43-3315 teijyu@city.semboku.akita.jp
	大仙市	空き家バンク 建築住宅課	0187-66-4909
	大館市	空き家バンク 産業部観光課交流企画係	0186-43-7072 kouryu@city.odate.lg.jp

秋田県	横手市	空き家バンク 市民生活部生活環境課(くらしの相談係)	0182-35-4099 kurashi@city.yokote.lg.jp
	小坂町	空き家情報登録 総務課企画財政班	0186-29-3903
山形県	鶴岡市	空き家バンク NPOつるおかランド・バンク	0235-64-1567
	朝日町	空き家バンク 政策推進課定住・戦略推進係	0237-67-2112
	最上町	空き家情報登録 まちづくり推進室	0233-43-2261 machizukuri@mogami.tv
	舟形町	空き家・空き地バンク まちづくり課企画調整班	0233-32-2111／内線312 tyosei@town.funagata.yamagata.jp
	庄内町	空き家バンク 情報発信課地域振興係	0234-42-0163 johohasshin@town.shonai.lg.jp
	山辺町	空き家バンク 政策推進課企画情報係	023-667-1110 kouhou@town.yamanobe.yamagata.jp
	遊佐町	空き家物件情報 IJUターン促進協議会	0234-72-4524
	西川町	空き家バンク 政策推進課企画調整係	0237-74-2112 kikaku@town.nishikawa.yamagata.jp
	大蔵村	空き家バンク 総務課危機管理室危機対策係	0233-75-2170
	飯豊町	空き家等情報 総務企画課総合政策室	0238-72-2111／内線227・228
	大江町	空き家・空き地情報 政策推進課　政策推進係	0237-62-2118 kikaku@town.oe.yamagata.jp
福島県	二本松市	空き家バンク 企画財政課企画調整係	0243-55-5090
	喜多方市	きたかた就農応援団　産業部 観光交流課グリーン・ツーリズム推進室	0241-24-5237 kankou-gt@city.kitakata.fukushima.jp
茨城県	大子町	空き家等情報バンク まちづくり課	0295-72-1131
	笠間市	空き家バンク まちづくり推進課まちづくりグループ	0296-77-1101
	大洗町	空き家等情報バンク まちづくり推進課	029-267-5111／内線213
	利根町	空き家バンク 企画財政課まちづくり推進係	0297-68-2211
栃木県	栃木全県	とちぎ暮らし住まいネット 地域振興課	028-623-2236 chiiki@pref.tochigi.lg.jp
	栃木市	あったか住まいるバンク 住宅課	0282-21-2451 jyutaku@city.tochigi.lg.jp
	日光市	空き家バンク 地域振興課	0288-21-5147
	大田原市	空き家等情報バンク 都市計画課まちづくり推進係	0287-23-8711 toshikei@city.ohtawara.tochigi.jp
	那須烏山市	空き家等バンク 商工観光課	0287-83-1115 shohkohkankoh@city.nasukarasuyama.lg.jp
群馬県	桐生市	空き家・空き地バンク 都市整備部空き家対策室	0277-46-1111／内線367 akiyataisaku@city.kiryu.lg.jp
	みどり市	空き家バンク 総務部企画課	0277-76-0962 kikaku@city.midori.gunma.jp
	神流町	空き家バンク 総務課企画係	0274-57-2111
	下仁田町	空き家情報 地域創生課企画政策係	0274-64-8809

群馬県	南牧村	空き家情報 村づくり・雇用推進課	0274-87-2011 pub02302@vill.nanmoku.gunma.jp
	片品村	空き家バンクナビ むらづくり観光課若者雇用創出室	0278-58-2112 kanko@vill.katashina.lg.jp
埼玉県	秩父市、横瀬町、皆野町、長瀞町、小鹿野町	ちちぶ空き家バンク ちちぶ空き家バンク推進委員会事務局	0494-25-0088
	越生町	空き家バンク 企画財政課企画担当	049-292-3121／内線223 kikaku@town.ogose.saitama.jp
	ときがわ町	空き家バンク 企画財政課	0493-65-0404
千葉県	館山市	空き家バンクたてやま NPO法人おせっ会	0470-28-0827
	勝浦市	空き家バンク 企画課地域活力推進係	0470-73-6654 teijyu-k@city-katsuura.jp
	南房総市	空き家バンク 企画部企画政策課	0470-33-1001
	いすみ市	空き家バンク 総務部地域プロモーション室	0470-62-1332
	睦沢町	空き家バンク 総務課政策企画班	0475-44-2501
	大多喜町	空き家バンク 企画財政課　企画政策係	0470-82-2112 kikakuzaisei@town.otaki.lg.jp
	市原市	空き家バンク 都市計画部　住宅課	0436-23-9841
	匝瑳市	空き家バンク 企画課まちづくり戦略室	0479-73-0081
神奈川県	箱根町	空き家・空き室情報 企画観光部企画課	0460-85-9560
	清川村	空家等情報提供事業 まちづくり課	046-288-3862
	松田町	空家バンク 定住少子化担当室定住少子化対策係	0465-84-5541
	真鶴町	空き地・空き家情報 まちづくり課	0465-68-1131
東京都	奥多摩町	空き家バンク 地域整備課 管理係	0428-83-2111(代) kanri@town.okutama.tokyo.jp
	檜原村	定住促進空き家活用事業 企画財政課　企画財政係	042-598-1011(代)
山梨県	山梨全県	甲斐適生活応援隊 富士の国やまなし農村休暇邑協会	info@kaiteki-seikatsu.org
	甲府市	空き家バンク 企画部地域政策室南北地域振興課	055-237-1173 hoksinkou@city.kofu.lg.jp
	山梨市	空き家バンク まちづくり政策課まちづくり担当	0553-22-1111／内線2455・2456
	韮崎市	空き家バンク 企画財政課人口対策担当	0551-22-1111／内線358・359
	南アルプス市	空き家バンク 政策推進課	055-282-6073
	北杜市	空き家バンク 地域課	0551-42-1323
	甲州市	空き家情報バンク 市民課人口対策室人口対策・定住支援担当	0553-32-5037 shimin@city.koshu.lg.jp
	市川三郷町	空き家バンク 企画課企画政策係	055-272-1103
	身延町	空き家バンク 政策室	0556-42-4801

山梨県	富士河口湖町	空き家バンク 政策財政課	0555-72-1129
	甲斐市	空き家バンク 秘書政策課	055-278-1678
	大月市	空き家バンク 総務部企画財政課地域活性化担当	0554-23-5011
	南部町	空き家バンク 企画課	0556-66-3402
	都留市	空き家バンク 産業課商工観光担当	0554-43-1111／内線154～156
	上野原市	空き家バンク 建設経済部経済課農村地域づくり担当	0554-62-3119
	富士川町	空き家バンク 企画課企画担当	0556-22-7216
長野県	長野全県	長野県空家等活用情報システム 企画振興部地域振興課	026-235-7023
	伊那市	空き家バンク 総務部企画課地域振興係	0265-78-4111／内線2143 kij@inacity.jp
	大町市	空き家バンク 企画財政課定住促進係	0261-22-0420／内線531 teijuu@city.omachi.nagano.jp
	阿智村	田舎暮らし情報 清内路振興室	0265-46-2001
	飯山市	ふるさと回帰支援センター 移住定住推進課	0269-62-3111 info@furusato-iiyama.net
	佐久市	空き家バンク 経済部観光交流推進課交流推進係	0267-62-3283 kouryu@city.saku.nagano.jp
	立科町	空き家バンク 産業振興室	0267-56-2311
	原村	空き家情報 企画係	0266-79-7942
	松川町	空き家バンク まちづくり政策課定住対策室	0265-36-7014
	筑北村	空き家バンク 総務課	0263-66-2211
	池田町	空家等活用情報 建設水道課管理係	0261-62-3130
	山ノ内町	空き家バンク 総務課企画財政係	0269-33-3111
	小川村	空き家バンク 総務課	026-269-2323
	茅野市	空き家バンク 田舎暮らし 楽園信州ちの事務局	0120-002-144 info@rakuc.net
	東御市	空き家バンク 産業建設部建設課住宅係	0268-64-5882 kensetsu@city.tomi.nagano.jp
	上田市	政策企画部シティプロモーション推進室	0268-75-2554
	小谷村	空き家バンク 総務課企画財政係	0261-82-2038 kikaku@vill.otari.nagano.jp
	富士見町	移住者支援制度 総務課企画統計係	0266-62-9332 kikakutoukei@town.fujimi.lg.jp
	下諏訪町	空き家情報バンク 総務課企画係	0266-27-1111／内線258
	大鹿村	空き家情報 総務課企画財政係	0265-39-2001(代) ki-zaisei@vill.ooshika.lg.jp
新潟県	村上市	空き家バンク 自治振興課自治振興室	0254-53-2111／内線331・332
	阿賀野市	空き家バンク 総務部市長政策課企画経営係	0250-61-2502

新潟県	阿賀町	空き家等情報 総務課企画係	0254-92-3113 kikaku@town.aga.niigata.jp
	新発田市	空き家バンク みらい創造課定住促進係	0254-26-3557
	佐渡市	空き家情報 地域振興課	0259-63-4152
	燕市	空き家・空き地活用バンク 都市計画課空き家等対策推進室	0256-77-8264
	長岡市	空き家バンク 都市整備部住宅施設課	0258-39-2265 jutaku-shisetsu@city.nagaoka.lg.jp
	三条市	空き家バンク(仮) 営業戦略室	0256-34-5511(代)
	田上町	空き家バンク 総務課	0256-57-6222 soumu@town.tagami.niigata.jp
	小千谷市	空き家情報 企画政策課まちづくり推進室	0258-83-3507
	見附市	空き家バンク 企画調整課都市政策室	0258-62-1700／内線315 kikaku@city.mitsuke.niigata.jp
	出雲崎町	空き家・空き地情報バンク 総務課企画係	0258-78-2290 kikaku@town.izumozaki.niigata.jp
	津南町	空家・空地情報バンク 地域振興課グリーンツーリズム推進室	025-765-3115
	妙高市	空き家情報(妙高生活案内所) 企画政策課 未来プロジェクトグループ	0255-74-0044
	糸魚川市	空き家情報 定住促進課	025-552-1511 teijuu@city.itoigawa.niigata.jp
富山県	高岡市	空き家情報バンク 都市創造部建築住宅課	0766-30-7291
	魚津市	空き家・空き地情報バンク 都市計画課区画整理係	0765-23-1026 toshikeikaku@city.uozu.lg.jp
	氷見市	空き家情報バンク 企画振興部商工・定住・都市のデザイン課	0766-74-8075 shokotoshi@city.himi.lg.jp
	滑川市	空き家・空き地情報バンク まちづくり課	076-475-2111 machi@city.namerikawa.lg.jp
	砺波市	空き家再生等推進協議会事務局	0763-34-7180 museum@city.tonami.lg.jp
	小矢部市	空き地・空き家情報バンク 企画政策課	0766-67-1760
	南砺市	空き家バンク 南砺で暮らしません課	0763-23-2037
	射水市	空き家情報バンク 港湾・観光課　観光振興係	0766-57-1300(代) kankou@city.imizu.lg.jp
	上市町	空家情報 建設課管理建築班	076-472-1111／内線318
	立山町	空き家情報バンク 企画政策課	076-463-9980
	富山市	空き家情報バンク 都市再生整備課	076-443-2112 toshiseibi-01@city.toyama.lg.jp
	舟橋村	空き家情報バンク 生活環境課 環境係	076-464-1121 info@vill.funahashi.lg.jp
	入善町	空き家バンク 住まい・まちづくり課都市計画係	0765-72-1100(代)
石川県	輪島市	空き家データベース 企画課	0768-23-1113 kikaku@city.wajima.lg.jp
	珠洲市	空き家バンク 自然共生室	0768-82-7720 kyousei@city.suzu.lg.jp
	かほく市	空き家バンク 総務部企画情報課	076-283-1112 kikaku@city.kahoku.ishikawa.jp

石川県	中能登町	空き家情報バンク 企画課	0767-74-2806
	七尾市	空き家バンク 移住定住促進連絡協議会(企画財政課内)	0767-53-1117
	能登町	ふるさと空き家情報 ふるさと振興課	0768-62-8532 furusatoshinkou@town.noto.lg.jp
	白山市	空き家バンク 企画振興部人口問題対策室	076-274-9568 jinkou@city.hakusan.lg.jp
	金沢市	まちなか住宅再生バンク かなざわ定住推進ネットワーク事務局	076-220-2136 info@kanazawa-sumai.net
	小松市	空き家・空き室バンク 建築住宅課	0761-24-8104 housing@city.komatsu.lg.jp
	穴水町	古民家情報 政策調整課	0768-52-3625
	羽咋市	空き農地・空き農家情報バンク 農林水産課	0767-22-1116 post@city.hakui.lg.jp
	志賀町	空き家情報 志賀町まち整備課	0767-32-9211
福井県	福井全県	ふくい空き家情報バンク 土木部建築住宅課	0776-20-0506 kenjyu@pref.fukui.lg.jp
	あわら市	空き家情報バンク 土木部建設課整備管理グループ	0776-73-8031 kensetsu@city.awara.lg.jp
	坂井市	空き家情報バンク 都市計画課	0776-50-3050
	勝山市	空き家情報バンク 建設課	0779-88-8107
	永平寺町	空き家情報バンク 産業建設部門建設課	0776-61-3948 kensetsu@town.eiheiji.lg.jp
	福井市	空き家情報バンク 建設部住宅政策課	0776-20-5570
	大野市	空き家情報 結の故郷推進室	0779-64-4824 yuinokuni@city.fukui-ono.lg.jp
	越前町	空き家情報バンク 建設部門定住促進課	0778-34-8727 teijuu@town.echizen.lg.jp
	鯖江市	空き家情報バンク 建築営繕課建築営繕グループ	0778-53-2240 SC-Eizen@city.sabae.lg.jp
	越前市	空き家情報バンク 建設部建築住宅課	0778-22-3074 kenchiku@city.echizen.lg.jp
	池田町	空き家情報 総務政策課	0778-44-8004
	南越前町	空き家情報バンク 企画財政課	0778-47-8013 kizai@town.minamiechizen.lg.jp
	敦賀市	空き家・空き地情報バンク 住宅政策課	0770-22-8140
	美浜町	空き家バンク 土木建築課	0770-32-6707
	若狭町	空き家情報バンク 次世代定住促進協議会（政策推進課内）	0770-45-9112 seisaku@town.fukui-wakasa.lg.jp
	小浜市	空き家・空き地情報 企画部企画課	0770-64-6008 kikaku@city.obama.lg.jp
	高浜町	空き家情報バンク 空き家情報バンク窓口「旧塩屋」	0770-50-1308
	おおい町	空き家情報バンク 建設課	0770-77-4057
静岡県	静岡全県	空き家バンク ゆとりすと静岡 ふじのくに移住・定住相談センター	054-221-2610
	小山町	不動産バンク 都市整備課	0550-76-6105 toshi@fuji-oyama.jp

静岡県	南伊豆町	空き家バンク 企画調整課企画調整係空き家バンク担当	0558-62-6288 kikakuc@town.minamiizu.shizuoka.jp
	西伊豆町	空き家情報バンク 企画防災課	0558-52-1965 kikaku@town.nishiizu.shizuoka.jp
	静岡市	中山間地域空き家情報バンク 経済局農林水産部中山間地振興課企画係	054-294-8805 chuusankanchi@city.shizuoka.lg.jp
	藤枝市	空き家バンク 産業振興部 中山間地域活性化推進室	054-639-0120 chusankan@city.fujieda.shizuoka.jp
	川根本町	空き家バンク 企画課まちづくり室	0547-56-2221
愛知県	豊田市	中山間地域空き家情報バンク 地域支援課	0565-34-6629 chiikishien@city.toyota.aichi.jp
	南知多町	空き家バンク 地域振興課	0569-65-0711 chiiki@town.minamichita.lg.jp
	美浜町	空き家情報バンク 都市開発係	0569-82-1111／内線245 toshikei@town.aichi-mihama.lg.jp
	田原市	空き家・空き地バンク 都市建設部建築課	0531-23-3527 kentiku@city.tahara.aichi.jp
	設楽町	空き地・空き家バンク 企画ダム対策課	0536-62-0514 kikaku@town.shitara.aichi.jp
	松川町	空き家バンク まちづくり政策課定住対策室	0265-36-7014
三重県	志摩市	空き家バンク 企画部 まちづくり課	0599-44-0208
	津市	空き家情報バンク 美杉総合支所地域振興課	059-272-8080 272-8080@city.tsu.lg.jp
	亀山市	空き家情報バンク 建設部営繕住宅室	0595-84-5038 eizen@city.kameyama.mie.jp
	熊野市	空き家情報 水産・商工振興課　空き家情報担当	0597-89-4111／内線472
	東員町	空き家・空き地情報バンク 建設部建設課都市計画係	0594-86-2809 kensetu@town.toin.lg.jp
	大台町	空き家バンク 企画課	0598-82-3782／内線221
	大紀町	空き家情報 企画調整課	0598-86-2214 akiya@town.mie-taiki.lg.jp
	紀北町	空き家バンク 企画課	0597-46-3113 kikaku@town.mie-kihoku.lg.jp
	いなべ市	空き家バンク 都市整備部都市整備課	0594-74-5814
	尾鷲市	空き家バンク 市長公室人づくり支援係	0597-23-8116 hito@city.owase.lg.jp
	南伊勢町	空き家バンク 行政経営課	0599-66-1366 gyousei@town.minamiise.lg.jp
岐阜県	揖斐川町	空き家バンク 企画部政策広報課	0585-22-2111／内線114・115
	七宗町	空き家・空き地・空き店舗等情報 企画財政課企画振興係	0574-48-2291
	郡上市	空き家・空き店舗情報 市長公室企画課地域振興担当	0575-67-1831 kikaku@city.gujo.gifu.jp
	中津川市	空き家バンク 定住推進部定住推進課	0573-66-1111(代)
	恵那市	空き家バンク 総合政策課ふるさと活力推進室	0573-26-2111／内線328・329
	高山市	空き家紹介 ブランド・海外戦略部ブランド戦略課	0577-35-3001
	土岐市	空き家バンク 総合政策課	0572-54-1111(代) sosei@city.toki.lg.jp

岐阜県	可児市	空き家・空き地バンク 建築指導課	0574-62-1111(代) kentikusido@city.kani.lg.jp
	美濃市	空き家情報 NPO法人美濃のすまいづくり	0575-33-0760
	東白川村	空き家バンク 総務課企画財政係	0574-78-3111／内線246 507soumu@vill.higashishirakawa.lg.jp
	関市	空き家情報バンク 企画部市民協働課	0575-23-6831
	八百津町	空き家バンク 産業課地域振興係	0574-43-2111／内線2252
滋賀県	高島市	空き家紹介システム 政策部企画調整課	0740-25-8114 kikaku@city.takashima.lg.jp
	日野町	空き家情報 企画振興課企画人権担当	0748-52-6552 kikaku@town.shiga-hino.lg.jp
	彦根市	町屋情報バンク 小江戸ひこね町屋情報バンク	0749-23-2123
	近江八幡市	町家情報バンク おうみはちまん町家再生ネットワーク	0748-47-2045 info@massee.jp
京都府	京都全府	京の田舎ぐらし情報バンク 農林水産部農村振興課	075-414-4900・4906・4917 noson@pref.kyoto.lg.jp
	宮津市	空き家等情報 みやづＵＩターンサポートセンター	0772-45-1033
	綾部市	空き家紹介 定住促進課定住促進担当	0773-42-3280／内線341 teijusokusin@city.ayabe.lg.jp
	京丹後市	定住空き家情報 企画総務部企画政策課	0772-69-0120 kikaku@city.kyotango.lg.jp
	福知山市	農山村地域空き家情報バンク 農林管理課計画係	0773-24-7041
	伊根町	空き家バンク 総務課	0772-32-0502 info@town.ine.kyoto.jp
	舞鶴市	農村集落空き家情報バンク 産業振興部農林課	0773-66-1023・1030 nourin@post.city.maizuru.kyoto.jp
	京丹波町	空き家紹介 農林振興課	0771-82-3808
	笠置町	空き家バンク 企画観光課	0743-95-2301
	城陽市	空き家バンク 都市整備部地域整備課地域整備係	0774-56-4057 chiikiseibi@city.joyo.lg.jp
	南丹市	空き家バンク 定住・企画戦略課	0771-68-0003
奈良県	奈良全県	移住サイト　奈良に暮らす 地域振興部移住・交流推進室	0744-48-3016
	宇陀市	空き家情報バンク 企画財政部まちづくり支援課	0745-82-3910
	曽爾村	空き家バンク 総務課	0745-94-2101／内線221～227
	川上村	住まいるネット 定住促進課	0746-52-0111
	五條市	空き家情報バンク 都市整備部まちづくり推進課	0747-22-4001(代)
	黒滝村	空き家バンク 総務課	0747-62-2031(代)
	御杖村	空き家情報バンク むらづくり振興課	0745-95-2001(代)
	吉野町	空き家バンク 協働推進課	0746-32-3081 kyoudou_s@town.yoshino.lg.jp
	下市町	空き家バンク 地域づくり推進課	0747-52-0001(代)

奈良県	十津川村	空き家バンク 地域創生推進課	0746-62-0910
和歌山県	印南町	空き家バンク 企画政策課	0738-42-1736 kikaku@town.wakayama-inami.lg.jp
	海南市	空き家バンク まちづくり部 都市整備課	073-483-8480 toshiseibi@city.kainan.lg.jp
大阪府	河内長野市	空き家バンク 都市づくり部都市創生課	0721-53-1111(代) toshisousei@city.kawachinagano.lg.jp
	豊能町	空き家バンク 総務部秘書政策課	072-739-3413
	岬町	空き家バンク 都市整備部建築課住宅管理係	072-492-2736 kenchiku@town.osaka-misaki.lg.jp
兵庫県	赤穂市	空き家情報バンク 市長公室企画広報課企画政策係	0791-43-6867
	神河町	空き家バンク 地域振興課　地域振興係	0790-34-0185
	豊岡市	空き家バンク 経済部経済課定住促進室	0796-23-4480 keizai@city.toyooka.lg.jp
	相生市	空き家バンク 定住促進室	0791-23-7125
	朝来市	空き家バンク 市長公室あさご暮らし応援課	079-672-1492
	洲本市	空き家バンク 田舎暮らし推進協議会事務局	0799-22-3321／内線1223 kikaku@city.sumoto.lg.jp
	加西市	空き家バンク ふるさと創造部ふるさと創造課	0790-42-8706
	小野市	空き家バンク まちづくり課	0794-63-1000(代)
	養父市	空き家バンク 市民生活部やぶぐらし課	079-662-3172 yabugurashi@city.yabu.lg.jp
	上郡町	空き家バンク 建設課まちづくり係	0791-52-1117
	宍粟市	空き家バンク まちづくり推進部市民協働課	0790-63-3123
	多可町	空き家等情報バンク 住民課住宅政策室	0795-32-4776
	たつの市	空き家バンク 都市建設部まち未来創造課	0791-64-3167
	三木市	空き家バンク 市民ふれあい部縁結び課	0794-89-2395
	篠山市	空き家バンク 篠山暮らし案内所	079-552-4141
	香美町	空き家情報 企画課地域振興係	0796-36-1962 kikaku@town.mikta-kami.lg.jp
	南あわじ市	空き家・定住相談 ふるさと創生課	0799-43-5205
	宝塚市	空き家住宅情報バンク 都市整備部建築住宅室住まい政策課	0797-77-2018
岡山県	岡山市	空き家情報バンク 都市整備局住宅課	086-803-1466
	津山市	空き家情報バンク 協働推進室	0868-32-2032 kyoudou@city.tsuyama.okayama.jp
	玉野市	空き家情報 都市計画課建築指導係	0863-32-5538 toshikeikaku@city.tamano.okayama.jp
	笠岡市	空き家バンク 定住促進センター	0865-69-2377
	井原市	空き家・空き農地バンク 総務部定住促進課	0866-62-9521 teijuu@city.ibara.okayama.jp

岡山県	総社市	住まい探し支援サービス 政策調整課	0866-92-8213 seisaku@city.soja.okayama.jp
	高梁市	空き家・空き農地情報バンク 定住対策課定住推進係	0866-21-0282
	新見市	空き家情報バンク 総務部企画政策課	0867-72-6114 kikaku@city.niimi.okayama.jp
	備前市	空き家情報バンク まちづくり部まち創生課	0869-64-2225
	瀬戸内市	空き家バンク 総合政策部企画振興課	0869-22-1031・1113
	赤磐市	空き家情報バンク 総合政策部 秘書企画課	086-955-2692
	真庭市	空き家情報バンク 総合政策部交流定住推進課	0867-42-1179 koryu@city.maniwa.lg.jp
	美作市	空き家情報バンク 企画振興部協働企画課	0868-72-6631
	和気町	空き家情報バンク まち経営課	0869-93-1123 machikeiei@town.wake.lg.jp
	矢掛町	空き物件バンク 産業観光課地域振興係	0866-82-1016
	新庄村	空き家情報 総務企画課	0867-56-2626
	鏡野町	空き家バンク まちづくり課	0868-54-2982
	勝央町	空き家情報バンク 総務部元気なまち推進室	0868-38-3111
	奈義町	空き家情報バンク 総務課	0868-36-4111
	久米南町	空き家・空き農地情報バンク 定住促進課	086-728-2134
	吉備中央町	空き家バンク 定住促進課	0867-34-1116
	美咲町	空き家等情報バンク まちづくり課	0868-66-1191
	浅口市	空き家情報バンク 産業建設部まちづくり課	0865-44-9044
広島県	呉市	空き家バンク 住宅政策課定住サポートセンター	0823-25-3394
	廿日市市	空き家バンク シティプロモーション室	0829-30-9221
	神石高原町	空き家情報バンク まちづくり推進課	0847-89-3332
	大崎上島町	空き家バンク 企画振興課	0846-65-3112 kikaku01@town.osakikamijima.hiroshima.jp
	三原市	空き家バンク 地域調整課計画調整係	0848-67-6011
	三次市	空き家情報バンク 地域振興部定住対策課定住対策係	0824-62-6129 teijyu@city.miyoshi.hiroshima.jp
	竹原市	空き家バンク 産業振興課観光振興係	0846-22-7745
	北広島町	空き家情報バンク 企画課地域振興係	050-5812-1856
	江田島市	空き家バンク 企画部交流促進課	0823-40-2785 kouryuu@city.etajima.hiroshima.jp
	東広島市	空き家バンク 企画振興部地域政策課	082-420-0401

広島県	世羅町	空き家バンク 企画課企画係	0847-22-3206
	府中市	空き家バンク 総務部企画財政課	0847-43-7118
	庄原市	空き家バンク 自治定住課定住推進係	0824-73-1257
	安芸太田町	空き家バンク 商工観光課	0826-28-1961
	安芸高田市	空き家情報バンク 建設部住宅政策課	0826-47-1202
鳥取県	倉吉市	空き家バンク 企画振興部 地域づくり支援課	0858-22-8159
	琴浦町	空き家ナビ 商工観光課	0858-55-7801
	日南町	空き家情報 企画課移住・定住担当	0859-82-1115
	鳥取市	空き家バンク NPO法人いんしゅう鹿野まちづくり協議会	0857-84-1188 info@shikano.org
	鳥取市	空き家情報 定住促進・Uターン相談支援窓口	0120-567-464 chiikishinko@city.tottori.lg.jp
	湯梨浜町	空き家情報バンク 企画課	0858-35-5311 ykikaku@yurihama.jp
	大山町	空き家・空き地情報 企画情報課未来づくり戦略室	0859-54-5202
	江府町	空き家バンク 奥大山まちづくり推進課	0859-75-3222
	境港市	空き家情報バンク 地域振興課企画係	0859-47-1024 chiikishinkou@city.sakaiminato.lg.jp
	北栄町	空き家情報バンク 産業振興課	0858-36-5564 sangyo@e-hokuei.net
	三朝町	空き家バンク 企画観光課	0858-43-3514
島根県	島根全県	島根県建築住宅センター	0852-26-4577
	浜田市	空き家地図情報 政策企画課	0855-25-9200 seisaku@city.hamada.shimane.jp
	松江市	空き家バンク 歴史まちづくり部建築指導課住宅政策係	0852-55-5099
	出雲市	空き家バンク 総合政策部縁結び定住課定住支援センター	0853-21-6629
	益田市	空き家バンクナビ 人口拡大課定住促進係	0856-31-0173 teiju@city.masuda.lg.jp
	大田市	空き家データベース 定住促進協議会(地域振興課定住推進室内)	0854-82-1600
	江津市	空き家バンク 政策企画課地域振興室	0855-52-2501 gotsu@e-akiya.net
	雲南市	空き家バンク 地域振興課	0854-40-1013 chiikishinkou@city.unnan.shimane.jp
	飯南町	地域資源情報バンク 産業振興課	0854-76-2214
	川本町	空き家バンク まちづくり推進課 定住促進係	0855-72-0634
	美郷町	空き家バンク 定住推進課	0855-75-1212
	邑南町	定住情報 定住促進課	0855-95-1117 teiju@town-ohnan.jp
	津和野町	定住情報 つわの暮らし推進課	0856-74-0092

島根県	吉賀町	空き家情報バンク 企画課	0856-77-1437
	安来市	空き家バンク 定住企画課	0854-23-3059 info@city.yasugi.shimane.jp
山口県	下関市	空き家バンク 総合政策部企画課	083-231-1911
	宇部市	住宅情報バンク 北部総合支所北部地域振興課地域振興係	0836-67-2812
	山口市	空き家バンク 定住支援室	083-934-4646
	防府市	定住促進住宅情報バンク 総合政策部 総合政策課 UJIターン担当窓口	0835-25-2119
	岩国市	田舎暮らしのみちしるべ 市民生活部市民協働推進課	0827-29-5012 chiiki@city.iwakuni.yamaguchi.lg.jp
	柳井市	空き家バンク 政策企画課	0820-22-2111
	阿武町	物件情報 総務課企画広報係	08388-2-3111 kikaku03@town.abu.lg.jp
	周南市	空き家情報バンク 地域づくり推進課	0834-34-3572 chusankan@city.shunan.lg.jp
	萩市	空き家情報バンク 定住総合相談窓口	0838-25-3819 teijyu@city.hagi.lg.jp
	周防大島町	空き家情報 政策企画課地域振興班	0820-74-1007
	長門市	空き家情報バンク 企画政策課企画調整係	0837-23-1229 chosei@city.nagato.lg.jp
	美祢市	空き家等情報バンク 総合政策部企画政策課	0837-52-1112 seisaku@city.mine.lg.jp
	上関町	空き家バンク 総合企画課企画係	0820-62-0311
	田布施町	空き家バンク 企画財政課	0820-52-5803 kikakuzaisei@town.tabuse.lg.jp
	和木町	空き家バンク 企画総務課企画係	0827-52-2136
	平生町	空き家バンク 総合政策課	0820-56-7120 seisaku1@town.hirao.lg.jp
徳島県	吉野川市	空き家バンク 商工観光課	0883-22-2226 shoukoukankou@city.yoshinogawa.lg.jp
	つるぎ町	空き家・空き農地バンク 企画課	0883-62-3114 kikaku@town.tokushima-tsurugi.lg.jp
	美馬市	空き家情報 移住交流センター（ふるさと振興課内）	0883-52-8009 furusato@city.mima.lg.jp
	神山町	移住支援センター NPO法人グリーンバレー	088-676-1177
	那賀町	空き家/売地物件情報 移住交流支援センター事務局	0884-62-1184 kikaku@town.tokushima-naka.lg.jp
香川県	香川全県	ええ・かがわ 地域活力推進課	087-832-3125
	観音寺市	空き家バンク 地域支援課	0875-23-3949
	三豊市	空き家バンク 田園都市推進課	0875-73-3011
	土庄町	空き家バンク 企画課	0879-62-7014
	小豆島町	空き家バンク 企画財政課	0879-75-1800
	直島町	空き家・空き地情報 建設経済課	087-892-2224 kikaku1@town.naoshima.lg.jp

香川県	まんのう町	空き家情報 企画政策課	0877-73-0106
愛媛県	宇和島市	空き家バンク 商工観光課	0895-24-1111／内線2755
	久万高原町	空き家バンク 総務課秘書政策班	0892-21-1111
	内子町	うちこ屋バンク 総務課移住相談窓口	0893-44-6151
	上島町	空き家バンク 産業振興課	0897-75-2500 sangyou@town.kamijima.ehime.jp
	鬼北町	田舎暮らし相談窓口 産業課商工観光係	0895-45-1111／内線 2213 tourism@town.kihoku.ehime.jp
高知県	高知全県	高知家で暮らす。 産業振興推進部移住促進課	088-823-9336 iju@ken3.pref.kochi.lg.jp
	土佐清水市	空き家情報 企画財政課地域づくり支援係	0880-82-1181／内線214 kikaku@city.tosashimizu.kochi.jp
	黒潮町	空き家紹介 移住者住宅支援協議会事務局	0880-43-2177
	田野町	空き家情報バンク まちづくり推進課	0887-38-2813
	高知市	中山間地域空き家情報バンク 土佐山地域振興課	088-895-2312
福岡県	柳川市	空き家バンク 定住サポートセンター（企画課企画係内）	0944-77-8423 kikaku@city.yanagawa.lg.jp
	八女市	空き家バンク 地域づくり・文化振興課定住対策係	0943-24-8013
	筑後市	空き家バンク 総務部企画財政課定住促進担当	0942-53-4245
	うきは市	空き家バンク 企画課企画調整係	0943-75-4984
	みやま市	空き家バンク 企画財政課企画振興係	0944-64-1504
	田川市	空き家バンク 建築住宅課住宅政策係	0947-44-2000／内線218 kentiku@lg.city.tagawa.fukuoka.jp
	宮若市	空き家情報バンク 総務部総合政策課政策推進グループ	0949-32-0512
	岡垣町	空き家バンク 都市建設課	093-282-1211 kensetu@town.okagaki.fukuoka.jp
	みやこ町	空き家バンク 総合政策課	0930-32-2511
	北九州市	空き家バンク 建築都市局住宅計画課	093-582-2592 toshi-juutakukeikaku@city.kitakyushu.lg.jp
	香春町	空き家・空き地バンク 住宅水道課住宅管理・住宅計画係	0947-32-8403 jyutaku@town.kawara.lg.jp
	築上町	空き家バンク 企画振興課企画振興係	0930-56-0300 chikujo-akiyabank@town.chikujo.lg.jp
	豊前市	空き家バンク 総合政策課総合政策係	0979-82-1111／内線1391
	上毛町	空き家バンク 企画情報課	0979-72-3111／内線121・122
	添田町	空き家バンク 地域防災プロジェクト	0947-82-4002 bousai@town.soeda.fukuoka.jp
	宗像市	空き家・空き地バンク 都市戦略室秘書政策課定住担当	0940-36-1284
	福津市	空き家バンク 都市整備部都市計画課	0940-52-4956 toshi@city.fukutsu.lg.jp
	糸島市	空き家バンク 企画部地域振興課	092-332-2062

佐賀県	江北町	空き家バンク 総務企画課企画係	0952-86-5612
	佐賀市	空き家バンク 市民生活部協働推進課地域コミュニティ室	0952-40-7039
	多久市	空き家バンク 総合政策課プロジェクト推進係	0952-75-2116
	大町町	空き家バンク 企画課企画係	0952-82-3112
	武雄市	空き家バンク つながる部お住もう課	0954-23-9221 osumou@city.takeo.lg.jp
	鹿島市	空き家バンク 都市建設課	0954-63-3415 toshi@city.saga-kashima.lg.jp
	みやき町	空き家バンク 事業部まちづくり課定住総合対策担当	0942-96-5526
	嬉野市	空き家バンク 企画政策課	0954-66-9117 kikaku@city.ureshino.lg.jp
	小城市	空き家バンク まちづくり推進課	0952-37-6121 machidukuri@city.ogi.lg.jp
	太良町	空き家情報バンク 企画商工課企画情報係	0954-67-0312
長崎県	長崎市	空き家・空き地情報: 香焼地区 総務局企画財政部地域振興課	095-829-1285
	対馬市	UI ターン者対象空き家情報 総合政策部市民協働・自然共生課	0920-53-6111 sikyou@city.nagasaki-tsushima.lg.jp
	壱岐市	空き家・空き地情報バンク 政策企画課	0920-48-1134
	東彼杵町	空き家バンク まちづくり課	0957-46-1111(代) kikaku@town.higashisonogi.lg.jp
	新上五島町	田舎暮らし(UIターン)情報 総合政策課地域づくり班	0959-53-1113 seisaku@town.shinkamigoto.lg.jp
	平戸市	田舎暮らし(UIターン)情報 地域協働課協働交通政策班	0950-22-4111／内線2314・2308・2309 kyodo@city.hirado.lg.jp
	西海市	空き家情報 さいかい力創造部まちづくり推進課	0959-37-0064
	雲仙市	空き家等情報 政策企画課	0957-38-3111(代)
	南島原市	空き家情報 企画振興部企画振興課	050-3381-5030
熊本県	熊本全県	移住・定住ポータルサイト 企画振興部地域振興課	096-333-2135
	天草市	空き家等情報バンク 地域振興部地域政策課定住促進係	0969-23-1111(代)
	玉名市	空き家バンク 企画経営部企画経営課	0968-75-1213
	菊池市	空き家バンク 政策企画部企画振興課集落・定住支援室	0968-25-7250
	宇城市	空き家バンク 企画部地域振興課地域振興係	0964-32-1111(代)
	和水町	空き家バンク まちづくり推進課	0968-86-5721 msui@town.nagomi.lg.jp
	南関町	空き家バンク まちづくり課	0968-57-8501
	山鹿市	空き家バンク 地域生活課	0968-43-1114 chiiki@city.yamaga.lg.jp
	南小国町	空き家バンク まちづくり課企画商工観光係	0967-42-1112
	多良木町	空家・貸家等情報 企画観光課	0966-42-1257

熊本県	上天草市	不動産情報 総務企画部企画政策課	0964-26-5539
	相良村	空き家バンク 総務課企画情報係	0966-35-0211
大分県	大分全県	観光・地域局地域活力応援室	097-506-2125
	国東市	空き家バンク 活力創生課	0978-72-5175 sosei@city.kunisaki.lg.jp
	杵築市	空き家バンク 政策推進課コミュニティ協働係	0978-62-1804
	豊後高田市	空き家バンク 地域活力創造課定住促進係	0978-22-3100
	日出町	空き家バンク 政策推進課	0977-73-3116
	宇佐市	空き家バンク 観光まちづくり課コミュニティ係	0978-32-1111／内線472 tiiki08@city.usa.oita.jp
	中津市	空き家バンク まちづくり政策課	0979-22-1111(代)
	玖珠町	空き家バンク まちづくり推進課自治振興係	0973-72-9031
	日田市	空き家情報 企画振興部地域振興課地域振興係	0973-22-8356
	九重町	空き家・土地バンク 企画調整課	0973-76-3807 kikaku@town.kokonoe.lg.jp
	由布市	空家情報 総合政策課	097-582-1111／内線227
	臼杵市	空き家バンク 都市デザイン課	0972-63-1111／内線1322
	大分市	空き家バンク 産業振興課地域産業育成担当班	097-537-7025
	竹田市	空き家バンク 企画情報課農村回帰推進室	0974-63-4801 nousonkaiki@city.taketa.lg.jp
	豊後大野市	空き家バンク まちづくり推進課地域振興係	0974-22-1001／内線2446
	津久見市	空き家情報バンク 政策企画課政策企画班	0972-82-2655
	佐伯市	空き家バンク 地域振興課地域振興係	0972-22-3486 tiksin@city.saiki.lg.jp
宮崎県	西都市	空き家情報バンク 総合政策課	0983-32-1011
	えびの市	空き家バンク 企画課政策係	0984-35-1111／内線322
	日向市	空き家等情報バンク 総合政策部総合政策課	0982-52-2111(代) sougou@hyugacity.jp
	日南市	空き家・空き地情報 地域振興課	0987-31-1128 t-shinko@city-nichinan.jp
	小林市	空き家バンク 総合政策部市民協働課	0984-23-1148 k_kyoudou@city.kobayashi.lg.jp
	串間市	空き家バンク 総合政策課企画統計係	0987-72-1111(代) kikaku@city.kushima.lg.jp
	国富町	空き家バンク 企画政策課	0985-75-3126 kikaku@town.kunitomi.miyazaki.jp
	高原町	空き家バンク まちづくり推進課 定住推進室	0984-42-2115 machi@town.takaharu.lg.jp
	綾町	ふるさと暮らし相談窓口 企画財政課	0985-77-2948
	木城町	空き家情報バンク まちづくり推進課	0983-32-4727 kikaku@town.kijo.jp

鹿児島県	鹿児島全県	空き家バンク等 鹿児島県庁企画部地域政策課	099-286-2424
	垂水市	空き家バンク 企画政策課	0994-32-1143 t_kikaku@city.tarumizu.lg.jp
	薩摩川内	空き家バンク(転入予定者専用) 企画政策部よかまち・きやんせ倶楽部	0120-420-200 kiyanse@city.satsumasendai.lg.jp
	南さつま市	空き家バンク 総務企画部企画政策課協働推進係	0993-53-2111／内線2213 webmaster@city.minamisatsuma.lg.jp
	志布志市	空き家バンク 企画政策課	099-474-1111(代) tiikiseisaku@city.shibushi.lg.jp
	南九州市	空き家バンク 企画課企画係	0993-83-2511
	姶良市	空き家バンク 企画部地域政策課地域政策係	0995-66-3111／内線244
	さつま町	空き家バンク 企業誘致対策室企業誘致係	0996-53-1111(代)
	長島町	空き家バンク 企画財政課企画調整係	0996-86-1111(代)
	南大隅町	空き家バンク 企画観光課	0994-24-3115
	中種子町	空き家情報 企画課地域振興係	0997-27-1111／内線231・210
	瀬戸内町	空き家バンク 企画課企画開発係(大島本島、加計呂麻島ほか)	0997-72-1112
	南種子町	空き家バンク 観光課観光経済係	0997-26-1111／内線261
	龍郷町	空き家バンク 総務企画課	0997-69-4512 soumukikaku@town.tatsugo.lg.jp
	伊仙町	空き家バンク 企画課	0997-86-3111(代)
	和泊町	空き家等情報 移住・交流促進協議会(企画課内)	0997-84-3512／内線235 kikaku@town.wadomari.lg.jp
	知名町	空き家バンク 企画振興課定住促進係	0997-84-3162 kikakus4@town.china.lg.jp

三星雅人

1959年、東京都に生まれる。明治大学文学部卒業。資産運用情報誌「マネージャパン」(角川SSコミュニケーションズ)副編集長、富裕層向けマネー誌「バケーションアセット」(バケーション社)編集長などを経て独立。フリージャーナリストとして、雑誌に相続、保険、金融記事などを寄稿するとともに、ムック、単行本を編集する。2008年、増え始めた「空き家」の取材・執筆をきっかけに、過疎化により荒廃が進む地方を訪れ調査を始める。漫画家コンタロウ氏との共著『田舎の家のたたみ方』(メディアファクトリー新書)が話題になり、NHK総合テレビ「あさイチ」に出演し実家のたたみ方について解説するほか、ラジオ、新聞、雑誌などで空き家対策や活用法、実家の片付け、相続、親子間のコミュニケーション法などを紹介。

構成・執筆著書に『相続問題 撲滅ノート』(実業之日本社)がある。

講談社+α新書 684-1 A

親《おや》の家《いえ》のたたみ方《かた》

三星雅人《みつぼしまさと》

2015年6月22日第1刷発行
2015年7月15日第2刷発行

発行者——鈴木 哲
発行所——株式会社 講談社
東京都文京区音羽2-12-21 〒112-8001
電話 出版(03)5395-3532
販売(03)5395-4415
業務(03)5395-3615

デザイン——鈴木成一デザイン室
写真——講談社写真部(浜村達也)
カバー印刷——共同印刷株式会社
印刷——慶昌堂印刷株式会社
製本——株式会社若林製本工場
本文データ制作——講談社デジタル製作部
本文図版制作——朝日メディアインターナショナル株式会社

定価はカバーに表示してあります。

落丁本・乱丁本は購入書店名を明記のうえ、小社業務あてにお送りください。

送料は小社負担にてお取り替えします。

なお、この本の内容についてのお問い合わせは第一事業局企画部「＋α新書」あてにお願いいたします。

Printed in Japan
ISBN978-4-06-272883-6